마리아 테레지아
사랑으로 오스트리아를 지키다

마리아 테레지아
사랑으로 오스트리아를 지키다

2008년 11월 10일 초판 1쇄 발행
2018년 1월 12일 초판 4쇄 발행

글 · 그림 유수미
펴낸이 이철규 / 펴낸곳 북스
편집 김순선 / 편집디자인 박근영 / 마케팅 이종한

편집부 02-336-7634 / 영업부 02-336-7613 / FAX 02-336-7614
홈페이지 http://www.vooxs.kr / 등록번호 제 313-2004-00245호 / 등록일자 2004년 10월 18일

주소 서울특별시 광진구 동일로 4길 32 2층
값 9,800원
ISBN 978-89-91433-74-8 74800
      978-89-91433-70-0 (세트)

잘못된 서적은 구입하신 서점에서 교환하여 드립니다.
이 책은 저작권법에 의해 보호를 받는 저작물이므로 불법 복제와
스캔 등 무단 전재 및 유포 · 공유를 금합니다.

마리아 테레지아
사랑으로 오스트리아를 지키다

글·그림 유수미

머리말

사랑과 명예를 모두 거머쥔 여왕을 만나 보세요!

　벌써 두 번째 이야기로 여러분을 만나게 됐습니다.
　이 시리즈를 처음 접하는 분도 계실 테고 첫 권에 이어 다시 이 시리즈를 펼쳐 보시는 분도 계실 거예요. 특히 엘리자베스 이야기를 읽고 두 번째 권이 나오기를 손꼽아 기다렸다고 이야기해 주신다면 더없이 기쁠 것 같습니다.
　이번 이야기도 첫 번째 권과 마찬가지로, 역사적 사실이나 실존인물의 이야기에 작가의 상상력을 덧붙여 새로운 이야기로 탄생시킨 팩션입니다.
　이 책에서는 오스트리아의 마리아 테레지아 여왕에 대해 실었습니다. 엘리자베스 1세 이야기를 쓸 때도 힘들었지만 마리아 테레지아는 그보다 몇 배 더 힘들었다고 하면 엄살일까요? 국내에서 찾을 수 있는 자료도 빈약할뿐더러 각 자료들도 서로 정보가 달랐거든요.

그래도 모두 한목소리로 그녀를 평가하고 있었습니다. 일도 사랑도 멋지게 이루어 낸 여성이었다는 겁니다. 물론 배울 점도 많았고요.

그녀와 남편 스테판의 사랑이야기는 매우 흥미로웠습니다. 당대를 대표하는 미남미녀가 어떻게 연애를 했을지 매우 궁금해졌으니까요.

글 쓰는 내내 그런 것들을 상상하며 즐겁고 재미있는 시간을 보냈습니다. 여러분들도 이번 이야기를 읽는 동안 저처럼 즐거우셨으면 하는 바람입니다.

그럼 다음 이야기에서 다시 만나길 기대하며 이제 아인과 함께 두 번째 여왕을 만나러 가보실까요?

여러분의 사랑을 갈구하는 동화작가 유수미

차례

 사랑과 명예를 모두 거머쥔 여왕을 만나 보세요! 6

1장 뒷동산의 비밀 …11

2장 합스부르크 왕가의 유일한 후계자 …29

3장 같은 이름 다른 사람, 다니엘 …53

4장 사랑의 덫에 걸린 황녀 …75

5장 반쪽짜리 여왕 …107

6장 사라진 아인 …131

7장 프리드리히 2세와의 전쟁 …151

8장 합스부르크-로렌 왕조의 시작 …177

부록 오스트리아의 여제 마리아 테레지아 이야기 193

1장
뒷동산의 비밀

Maria Theresia

아인은 학교 갈 준비에 정신이 없었다. 어젯밤 베스와 늦게까지 노는 통에 늦잠을 자고 말았다.

베스는 엄마도 아빠도 삼촌도 모르는 아인만의 비밀스런 친구로, 영국이 유럽의 강대국으로 성장할 수 있도록 기틀을 다졌으며 또 현재 영국인이 가장 사랑하는 여왕으로 꼽히기도 했다. 바로 엘리자베스 1세 여왕이 아인의 비밀 친구인 것이다.

그녀는 세 살이라는 어린 나이에 어머니를 잃고 아버지 헨리 8세의 무관심 속에 쓸쓸하게 어린 시절을 보냈다. 그런 외로움이 아인을 과거로 불러냈다. 아인은 500년의 시공간을 뛰어넘어 베스와 오랜 시간 함께하며 베스가 왕위에 오르기까지의 고난과 역경을 지켜보았다. 무려 15년의 세월을 함께한 것이다. 그렇지만 집으로 돌아와 보니 자신은 겨우 7일간 잠들어 있었다 한다. 물론 그동안 부모님과 삼촌, 친구들의 걱정은 이만저만 큰 것이 아니었다.

지금도 아인은 꿈인지 생시인지 분간이 가지 않아 혼란스럽지만 그 무엇보다 소중한 친구가 생겨 더없이 기뻤다. 그건 베스도 마찬가지여서 그녀는 왕위에 오른 뒤에도 종종 아인을 찾아 한밤중에 방문하곤 했다.

어제도 고된 업무와 중신들의 결혼하라는 성화를 피해 베스만의 비밀스러운 힘을 이용해 시간을 거슬러 왔었다.

"꼰대들! 내 그렇게 결혼은 하지 않을 거라 말했건만 왜 그렇게 안달이야? 싫다면 싫은 거지!"

물을 벌컥 들이키며 베스가 성질을 냈다.

"그분들이야 네가 결혼해서 왕위를 물려줄 후계자를 만들길 원하니까 그러는 거잖아?"

"그건 그렇지만, 그래도 역시 결혼은 싫어! 난 영국과 결혼한 걸로 족해."

베스가 만족한 듯 웃어 보였다.

"어라! 이게 뭐야?"

낮에 삼촌이 보내온 소포를 손에 들어 보이며 베스가 물었다.

"아, 맞다! 삼촌이 보낸 거야. 잊고 있었네."

내일이 방학인데도 오후 내내 학원이다 숙제다 바빴던 아인은 소포를 뜯어 볼 틈이 없었다. 발신지는 오스트리아였다.

아인의 삼촌은 유럽 역사를 공부하기 위해 영국으로 떠났지만 지금은 거처를 오스트리아로 옮겨 동유럽의 역사를 배우고 있다. 삼촌은 유럽을 다니면서 아인에게 선물과 엽서 등을 많이 보내왔다.

소포 안에는 반짝이는 녹색 포장지로 싼 상자가 들어 있었는데 마치 햇살을 받아 빛나는 연한 꽃잎사귀 같았다.

삼촌이 이번에 보내온 선물은 작은 꽃 모양이 새겨진 빗이었다.

"와~ 귀여워!"

아인은 두 손으로 빗을 가볍게 감싸 쥐고 베스에게 보여 주었다.

"정말 예쁜 빗인데? 아아, 난 이제 슬슬 가 봐야겠어."

달빛이 일렁이자 베스가 자신의 궁전으로 돌아갈 준비를 했다.

"다음에는 언제 올 거야?"

아인의 물음에 베스가 새침하게 웃으며 대답했다.
"글쎄, 잘 모르겠어. 아마 한동안 못 볼 거 같은데?"
"그, 그래?"
"응. 좀 바쁠 거야!"
자주 만난다고는 해도 헤어질 때마다 내심 서운한 마음이 드는데 한동안 못 본다니 서운했다.
"바쁘다면 어쩔 수 없지, 뭐!"
"호호! 서운해 하지 마. 넌 나보다 더 바쁠 테니까."
"에? 그게 무슨 소리야?"
"잘 다녀와!"

베스는 끝내 아인의 질문에 대답하지 않고 개구지게 웃으며 달빛이 비추는 거울 속으로 사라져 버렸다.
"흠! 베스도 참 언제나 중요한 말은 안 해 준단 말이야. 다니엘 소식도 그렇고."
다니엘을 생각하자 또 가슴 한구석이 아무것도 없는 공간처럼 허전해졌다. 다니엘은 아인이 베스와 함께일 때 같이 있어 준 또 다른 친구였다. 밝은 금발에 푸른색과 녹색, 금색의 세 가지색 눈동자를 가진, 아인을 몹시도 좋아해 주었던 다니엘이었다.
그런 사람에게 아인은 아무런 작별도 고하지 못하고 집으로 돌아온 것이다. 아무 말 없이 사라지지 않겠노라고 굳게 약속했는데 그 약속을 지킬 수 없었다. 다니엘의 안부를 묻는 아인의 질문에도 베스는 그저 여행을 떠났다는 대답만 들려줄 뿐 그 이상의 말은 해 주지 않았다.
 '지금 어디에 있니? 데니!'
 창밖으로 보이는 은은한 달을 보며 아인은 대답 없는 쓸쓸한 질문을 품고 잠이 들었다.

 "으아! 다행이다. 안 늦었어."
 아인이 땀을 뻘뻘 흘리며 짝인 자영에게 말했다.
 "방학식인데 늦으면 어때서?"
 자영이 별일 아닌 듯 말했다.
 "그래도……."
 아인은 어깨를 한번 으쓱해 보였다. 어젯밤 늦게 잠들어 아침 등교시간이 거의 다 돼서야 일어나고 말았다.
 "근데 방학하면 뭐해? 만날 학원이나 다닐 텐데. 방학은 쉬라고 있는 것이건만 대체 이 교육환경은 언제 바뀌는 거야? 만날 공부 공부~ 아아 지겨워! 있잖아, 나 이번 여름방학부터 다닐 학원이 하나 더 늘었어."
 "정말? 너 다니는 학원 장난 아니게 많잖아? 근데 아직 더 다닐 학원이 있단 말이야?"
 "미칠 거 같아."
 자영의 안색이 점점 파란색으로 물들어 갈 때 선생님이 들어오셨다. 곧 여름방학을 알리는 방학식이 시작되고 내일부터는 약 한달 보름간의 휴식 시간이 주어진다.

아인은 방학 동안 유럽에 있는 삼촌을 만나러 가는 게 꿈이지만 엄마와 아빠는 절대 허락하지 않았다. 열 몇 시간이나 걸리는 비행기 여행을 아인 혼자 하도록 허락할 순 없었기 때문이었다. 하지만 삼촌이 보내 준 프랑스의 베르사유 궁전이나 독일의 노인슈반스타인 성, 오스트리아의 퐁텐블로 성의 사진들은 너무 화려하고 웅장해서 가까이서 꼭 보고 싶다는 생각이 들었다. 사진을 자영에게 보여 주기 위해 가방을 열어보자 삼촌이 보내 준 선물상자가 눈에 띄었다.

'어? 이상하다! 이걸 내가 언제 가방에 넣었지? 어젯밤 베스와 함께 본 후에 분명 책상 위에 올려 두었는데? 아침에 정신없이 준비하면서 들어갔나? 뭐, 순간적으로 넣고 기억하지 못하는 거겠지!'

아인은 스스로를 납득 시키고는 대수롭지 않게 가방을 덮었다.

"와아 진짜 멋지다!"

자영은 웅장한 성들의 사진을 보며 연신 탄성을 질러댔다. 두 눈이 반짝반짝 빛나는 것이 사진 속의 성 모습에 흠뻑 정신을 뺏긴 듯 보였다.

"그치? 너무 멋지지? 내가 대학생이 되면 꼭 가 볼 거야. 대학생 언니오빠들이 자주 간다는 배낭여행으로라도 꼭!"

아인이 굳게 맹세하며 주먹을 쥐어 보이자 자영도 함께 가고 싶다며 아인의 주먹 쥔 손을 꽉 잡았다. 엄한 엄마를 설득하는 데 도움을 달라는 말도 잊지 않았다. 그 말에 아인은 조금 흔들렸다. 지금까지 자영이 엄마만큼 무서운 사람은 본 적이 없었기 때문이

다. 그래도 간절한 눈빛으로 호소하는 자영에게 알았다고 대답하는 아인이었다.

"여러분 모두 즐거운 방학을 보내고 오세요. 공부도 게을리 하지 말고, 건강도 잘 챙기고, 또 즐거운 추억도 많이 만들어 보세요."

담임선생님이 생긋 웃으며 학생들에게 말하자 모두들 한목소리로 크게 대답하는 것이 방학을 얼마나 기다렸는지 알 수 있게 했다. 한동안 못 볼 친구들에게 작별 인사를 하고 모두들 교실 문을 나섰다. 모두들 발걸음도 가볍게 깔깔거리며 하교하는 모습이 기뻐 보였다. 단 한사람 자영이만 제외였다. 어깨를 늘어뜨리고 교실 밖으로 나가는 자영이에게 아인과 친구들은 위로의 말을 한마디씩 건넸다.

"그래도 피서는 갈 거 아니야?"

"그건 그렇지만……."

"학교 안 나오는 만큼은 쉴 수 있을 테고."

"그건 그렇지만……."

"학원 더 다니는 만큼 엄마도 맛있는 걸 더 많이 해 주시겠지."

"그건 그렇지만……."

친구들의 말에 시큰둥하게 대답할 뿐 자영의 기분은 전혀 좋아질 기미가 보이지 않았다. 아인은 그런 자영의 기분이 달라지길 바라며 삼촌이 보내 준 선물을 꺼냈다.

"히야, 굉장하다! 네 삼촌 정말 멋있어! 나도 이런 삼촌 한명 있었으면 정말 좋겠다."

"정말 부럽다니까, 아인이 삼촌!"

만날 아인이 삼촌 자랑을 해 대서 친구들은 모두 아인의 삼촌에 대해 잘 알고 있었다.

"그 삼촌이 가끔 문제를 일으켜서 그렇지. 전에 아인이 생일 때도 잔뜩 기다리게 해 놓고 결국 안 오셨잖아? 그때 얼마나 배가 고팠는지 생각하면……."

연지의 말에 아인의 이마에 땀이 송골송골 맺혔다.

"그러고 보니 이 모양 본 적 있어!"

친구들이 뭐라고 떠들든 신경도 쓰지 않은 채 빗만 들여다보던 자영이가 불쑥 내뱉었다.

"이 꽃?"

"응, 이거 학교 뒷동산에 많아!"

"정말?"

너나 할 것 없이 모두 학교 뒷동산에 가 보기로 했다. 왠지 모두들 빗에 새겨진 꽃의 실제 모습이 궁금한 모양이었다.

"하지만 뒷동산이라……."

뭔가 두려운 표정을 지으며 아인이 주춤거렸다.

"아! 괜찮아. 절대 아무 일도 없을걸?! 내가 장담할게."

자영의 말에도 불구하고 두려움이 일었지만 결국 친구들의 손에 이끌려 동산으로 향하게 되었다.

자영을 따라 올라간 곳에는 동산 가득 흰 꽃들이 흐드러지게 피어있었다. 모양은 달랐지만 모두 흰 색이어서 아직 누구의 발자국도 찍히지 않은 흰 눈밭 같았다. 그 모습에 아인과 친구들은 탄성을 질렀다.

"우와, 학교 뒷동산에 이렇게 멋진 곳이 있을 줄이야? 귀신이 나온다는 소문 때문에 아무도 안 오는 줄 알았는데……."

"아, 그 이야기 나도 들었어. 이상한 목소리가 애들을 홀려서 잡아간다고. 3반 누구는 실종됐다고 그러던데!"

혜원과 연지의 말에 자영이 불쑥 껴들었다.

"나도 그 이야기 듣고 왔다가 이런 곳이 있다는 걸 알게 됐다는 거 아냐! 지난 일주일 동안 점심 먹고 쉬는 시간마다 왔는데 어떤 이상한 일도 생기지 않았다는 말씀!"

"오우~ 일주일이나! 역시 호러퀸! 용감하다!"

자영이 아무것도 아니라며 어깨를 으쓱거리며 한쪽 구석에 자리한 꽃에 다가가 앉자 모두들 따라 움직였다. 아인은 자영의 말에 안도의 한숨을 내쉬었다. 그녀는 정말이지 귀신도 유령도 너무나 두렵고 싫었다. 아무 일도 일어나지 않았다는 이야기와 친구들 덕분에 마음이 차분해졌다.

"이 꽃이야."

자영이 바위 밑과 주변에 피어 있는 가는 꽃잎의 흰 꽃을 가리켰다. 빗에 새겨진 꽃과 똑같았다. 가늘고 흰 꽃잎이 여러 겹으로 노란 꽃술을 싸고 있어서 꼭 땅 위에서 빛나는 별처럼 보였다.

"신기하다!"

"꽃의 모양도 그렇지만 난 우리 학교 뒤에 이런 꽃밭이 있다는 게 더 신기해! 누가 굉장히 정성을 들여서 손보고 있는 것 같아."

"근데 이거 무슨 꽃이야?"

"에델바이스라고 해."

아인의 질문에 자영이 바로 대답해 주었다.

"에델바이스? 그 '에델바이스-'로 시작하는 노래에 나오는 그것?"

연지가 콧노래로 음을 흥얼거리자 자영이 맞다고 대답해 주었다.

"그게 이렇게 생긴 꽃이구나."

"하지만 난 솜다리라는 이름을 더 좋아해."

자영이 싱긋 웃어 보였다.

"원래 야생화로 높은 산지에 피는 꽃인데 이곳에도 피었다고 수위아저씨가 되게 신기해 하셨어."

"정말?"

'헤~에! 정말 신기하네. 꽃잎이 솜 같은 게 보송보송 귀엽다. 이런 이불 있으면 정말 좋겠다.'

아인이 희고 작은 꽃의 모습을 넋 놓고 바라보고 있을 때였다.

"쿡쿡! 너로구나?"

"응? 뭐?"

바로 옆에서 들린 소리에 주위를 살펴보았지만 친구들은 조금 떨어진 곳에 있었다. 가장 가까이 있던 친구 연지에게 무슨 말이냐고 물었지만 아무 말도 안 했다는 대답만 들었다.

'잘못 들었나?'

아인은 이 작은 꽃송이를 꺾어다 빗과 함께 장식하면 좋겠다는 생각이 들어 손을 가져다 댄 순간 누군가 강하게 외쳤다.

"안 돼!"

깜짝 놀라 꽃에 대려던 손을 거두었다. 그리고 반사적으로 주위를 둘러보았다. 연지와 혜원은 이미 꽃밭과 조금 떨어진 벤치에 앉아 수다를 떨고 있었고 자영의 모습은 보이지 않았다. 아인은 벤치로 다가가 연지와 혜원에게 물었다.

"너희가 나한테 안 된다고 소리쳤어?"

"아니?"

"그럼 자영인가?"

"그럴 리가! 자영이는 아까 화장실 갔어."

"내가 꽃을 꺾으려고 하니까 누군가 나한테 안 된다고 소리쳤단 말이야. 아까도 이상한 말이 들렸고!"

"정말? 난 못 들었는데? 혜원이 넌?"

"나도."

"그, 그럴 리가? 분명히 들었어."

세 명의 머릿속에 갑자기 학교에 나돌고 있는 소문이 스쳐 지나갔다. 학교 뒷동산에 나타난다는 목소리 귀신 이야기. 심장이 크게 요동치는 것을 느낀 세 친구는 급한 긴장감에 휩싸였다. 두근두근 심장이 빠르게 방망이질을 쳤다.

"또 무슨 심령현상을 겪은 거냐? 이아인."

낮게 깔린 채 자신의 뒤에서 갑자기 나타난 목소리에 아인은 소스라치게 놀라며 소리쳤다.

"꺄아악!"

범인은 자영이었다. 아인의 뒤에서 슬슬 다가오는 것을 혜원과 연지는 보았는지 아인의 반응에 한참을 웃어 댔다. 그러나 정말 무서웠는지 아인의 두 눈에는 눈물이 살짝 고였다.

"있지, 자영아! 아인이가 무슨 소리를 들었나 봐."

"무슨?"

혜원은 아인이 겪은 일을 자영에게 설명했다.

"그밖에는? 또 뭐 들은 말 없어?"

"처음에는 '너로구나?' 란 말을 들었던 것도 같아."

"완전 너를 노리고 있는 거 같은데."

자영이 눈을 가늘게 뜨며 아인에게 말하자 아인의 가슴이 철렁 내려앉았다.

"왜, 왜 나야?"

아인의 목소리엔 두려움이 가득했다.

"그러게. 왜 항상 너만 그런 일을 겪는 걸까? 지난번에도 방에 귀신이 나타난다고 하더니. 그건 어떻게 됐어?"

"어? 어, 그게……!"

아인의 방에 나타난 귀신은 베스였다. 그때도 지금 만큼 무서워하며 자영에게 이야기했더니 귀신퇴치용이라며 마늘과 십자가 같은 이상한 물건을 잔뜩 챙겨다 주었었다.

"아, 아무튼 그 귀신은 이제 안 나와."

"그렇다면 다행이네. 이제 다른 귀신이 붙으려고 그러나?"

"뭐어?!"

"잠깐, 그런 것보다 여기 더 있으면 정말 아인이 위험해 지는 거 아냐? 빨리 내려가자."

"그러자, 배도 고프다!"

네 명의 소녀는 서둘러 뒷동산을 내려와 각자의 집으로 향했다.

"어? 어디 갔지?"

아인은 집으로 돌아와 가방을 살펴보았지만 삼촌의 선물은 어디에도 보이지 않았다. 가방 속에 있는 물건을 다 쏟아 봐도 작은 꽃이 새겨진 빗은 없었다.

"설마? 뒷동산에?!"

떨어트렸다면 분명 거기일 것이다. 가만히 생각해 보니 아까 놀라서 떨어트린 것도 같았다. 아인은 선물을 찾아야겠다는 생각에 급하게 문을 나섰다. 학교 정문은 닫혀 있었지만 다행히 옆문이 열려 있어서 아인은 잽싸게 뒷동산을 향해 내달렸다.

"얘 어디 가니?"

학교 수위아저씨가 아인을 향해 물었다.

"뒷동산에 두고 온 물건이 있어서 찾으러 가요!"

빠르게 대답하고 걸음을 재촉했다.

'얼른 찾아서 내려와야지! 꽃밭으로 들어가진 않았으니 아마 에델바이스 근처 어딘가에 떨어져 있겠지.'

아인은 친구들이 앉아 있던 벤치 주위와 그 근처를 중심으로 빗을 찾았지만 보이지 않았다.

"큭큭!"

갑자기 들리는 웃음소리에 아인은 놀라서 뒤를 돌아보았다. 허나 주위엔 정적만이 있을 뿐 사람 그림자는 보이지 않았다.

'목소리만 들린대! 그 목소리가 애들을 유인해서 다시는 돌아올 수 없는 곳으로 데려간다고 하던데? 6학년 언니는 행방불명됐다면서?'

친구들이 한 말이 머릿속 가득 맴돌며 왕왕거려 두려움에 심장이 쿵쾅거렸다. 더위와 두려움으로 식은땀이 등을 타고 흘러내렸다.

"대체 어디 있는 거야~아!"

반쯤 울음이 섞인 목소리로 자신을 달래면서 아인은 빗을 찾는 데 열중하려 노력했다. 그 때 저쪽에서 반짝하고 가는 빛이 보였다.

"찾았다!"

두 손으로 빗을 높이 치켜들었을 때 아인은 동산 위의 나무 밑에서 어른거리는 그림자를 보고 소스라치게 놀랐다. 눈이 마주치는 느낌이 들어서였다. 그러자 그 그림자는 아인을 향해 서서히 다가오기 시작했고 아인은 돌아서 냅다 달기기 시작했다. 순간, 차가운 손이 아인의 팔을 잡아끌었다.

"꺄아아악!"

아인의 팔을 잡은 손은 그를 깊고 깊은 어둠 속으로 밀어 넣었다.

자영은 너무 당혹스러웠다. 친구들과 헤어진 다음 다시 뒷동산으로 돌아왔다. 학원에 가기까지는 시간이 좀 남았지만 그렇다고 집으로 가기는 싫었다. 점심으로 먹을 김밥을 한 줄 사와 동산 위 나무 그림자에 앉아 느긋하게 먹었다.

숲과 꽃의 향기가 학업에 지친 자영의 마음을 달래 주었다. 처음엔 괴 소문의 진상을 파악하기 위해 올라왔었다. 하지만 어느 틈엔가 소문에 대한 궁금증은 사라지고 꽃과 나무, 숲의 향기를 맡는 것이 좋아서 찾게 되었다. 그러다 수위아저씨와도 친해져서 아저씨가 꽃에 물을 주거나 비료를 줄 때면 자영이도 나서서 아저씨의 일을 돕곤 했다. 친구들에게는 점심시간에만 온 것처럼 이야기했지만 실은 시간이 날 때마다 이곳을 찾았다. 가지런히 정돈된 화단과 정성을 들인 만큼 예쁘게 핀 꽃은 자영을 기쁘게 했다.

어느 정도 만족감을 느끼고 있을 때 멀리서 아인의 모습이 보였다. 아인은 허둥대며 무언가를 열심히 찾고 있는 것 같았다.

'뭘 찾고 있는 걸까?'

그 때 아인이 에델바이스 근처에서 원하던 것을 찾았는지 두 팔을 번쩍 들어 올리고 환호성을 지르더니 자신이 있는 곳에 시선을 멈추었다. 시선이 마주친 것을 느낀 자영은 아인에게 다가갔다. 그런데 아인은 자영을 보고 부리나케 도망치는 것이었다. 영문을 몰라 따라가며 이름을 부르려던 찰나 아인이 비명을 지르고 그 자리에 쓰러져 버렸다. 놀란 자영은 아인을 흔들어 깨워 보았지만 아인은 꿈적도 하지 않았다. 마치 깊은 잠에 빠진 것처럼 몸이 축 늘어졌다.

2장
합스부르크 왕가의 유일한 후계자

Maria Theresia

"헉헉!"

아인은 공포와 눈물로 뒤범벅이 된 얼굴을 하고 바닥에 주저앉아 벌벌 떨며 거친 숨을 몰아쉬었다.

"큭큭! 그렇게 무서웠어?"

낭랑한 목소리가 들리고서야 아인은 정신이 들어 자신의 팔을 잡고 있는 주인공의 모습을 확인했다.

밝은 금발에 장난기가 가득한 짙은 푸른색의 눈동자. 그리고 눈동자와 잘 어울리는 고급스런 공단의 드레스. 아인은 순간적으로 주위를 둘러보았다. 아니나 다를까 갈색 지붕과 노란 벽돌, 그리고 녹색 창문들이 조화를 이룬 커다랗고 아름다운 성이 눈에 들어왔다.

'저건 분명 삼촌이 보내 준 사진 속에서 본 성인데 이름이 뭐였더라? 맞다! 오스트리아에 있는 쇠, 쇠 쇤부른! 그렇다면 설마, 이번에도?'

아인은 지난 생일에 삼촌의 선물을 받고 베스를 만나 시간을 역행해 오랜 시간을 영국에서 보냈었다. 아인은 확인을 위해 자리를 털고 일어서서 침착하게 소녀에게 물었다.

"여기 혹시 오스트리아야?"

넌 누구니?"

아인의 질문에 소녀가 입술을 삐죽거린다.

"쳇! 좀 더 당황하는 모습을 보고 싶었는데……."

"응?"

"아냐 아무것도! 이거, 지금 얼굴이 끝내줘."

소녀가 아인의 얼굴을 가리키며 손수건을 내밀었다. 손수건을 받은 아인도 멋쩍은 웃음을 지었다. 자신의 얼굴이 대충 상상이 갔기 때문이었다.

"그래, 네 말대로 여긴 오스트리아고 난 마리아 테레지아. 테리라고 불러."

역시 이번에도 시간과 공간을 넘어왔다. 모든 상황이 납득이 가자 마음이 차분히 가라앉았다.

"난 아인이야. 이아인."

마리아 테레지아.

그녀는 중세 유럽에서 가장 영향력 있는 합스부르크 왕가의 황녀로 당시 뛰어난 미모로도 유명했다. 삼촌이 보여 준 그림을 보면서 아인 역시 굉장히 예쁘다고 생각한 적이 있었다. 갸름한 얼굴과 매혹적인 눈동자가 매우 인상적이었다. 그 그림은 그녀가 지금보다 좀 더 성장한 후에 그려진 것 같았다. 지금은 동글동글하고 부드러운 인상에 좀 더 아이답고 귀여운 얼굴이다. 뽀얀 피부와 거의 은색에 가까운 금발은 그녀의 예쁜 얼굴을 더욱 도드라지게 해 사람들의 시선을 잡아끌었다. 틀림없이 너무나도 예쁜 아이였다. 그래서일까? 아인은 자신의 볼에 열이 오르는 것을 느꼈다.

"날 여기로 끌고 온 게 너야?"

아인의 질문에 예쁜 얼굴의 테레지아가 기분 나쁘다는 듯 얼굴을 구겼다.

"끌고 오다니? 난 널 초대한 거야."

'초대! 사람을 공포로 몰아넣은 뒤 팔을 잡아채 갑자기 데려오는 것은 보통 초대라고 부르지 않지 않나?'

아인은 몹시 기가 막혔지만 그래도 웃음을 잃지 않고 다시 물었다.

"그럼, 어째서 나를 초대한 거야?"

"초대에 이유가 필요해? 가자."

테리는 뭔가 하려던 말을 그만 두고 어깨를 당당히 펴 보이며 아인의 손을 잡아끌었다.

"그냥 앞으로 나와 함께 지내면 돼."

"에?"

아인은 얼떨떨한 기분으로 테리의 손에 이끌려 쉰부른 궁전 쪽으로 사라지며 생각했다.

'한동안 못 보겠구나. 나보다 더 바쁠 테니까! 잘 다녀와.'

모두 어제 저녁 베스가 한 말들이었다. 그것들이 어쩌면 다 이런 상황을 알고 한 거였을지도 몰랐다. 그러면 이번엔 얼마나 이곳에 머무르게 될까?

궁전 안으로 들어가자 테리와 마주치는 모든 사람의 얼굴에는 그녀에 대한 애정이 가득 담겨 있었다. 또한 낯선 아인에 대해 매우 궁금하고 의심스러웠지만 황녀 테리가 데려온 인물이기에 아무도 불만을 제기해 오지 않았다.

그 때 하얀 가발을 화려하게 올려 세운 귀부인이 매서운 얼굴을 하고 다가와 아인은 깜짝 놀라 그 자리에 얼어붙었다. 그 사람은 친구 자영의 무시무시한 엄마와 너무나 닮았기 때문이었다. '이유는 모르겠지만 틀림없이 혼날 거야!' 라고 생각했지만 귀부인은 전혀 큰소리를 내거나 화를 내지도 않았다. 오히려 차분한 목소리로 "이 쪽으로 오시지요. 의복이 마련돼 있습니다."라며 아인을 방으로 안내했다.

영문을 몰라 테리를 보자 빙긋 웃어 보였다.

"그런 차림으로 다닐 수는 없잖아?"

자신이 입고 있는 옷이 시대와 맞지 않다는 걸 아인은 그제야 깨달았다.

갈아입은 옷은 베스 때와는 사뭇 달랐다. 레이스와 리본으로 더욱 화려하게 꾸며져 있었지만 발목이 드러나는 형태로, 움직이는 데 불편함이 없어 치맛자락을 밟고 넘어지진 않을 것 같았다.

이번에도 아인의 윤기 있는 머리카락은 인기가 좋아 너도나도 만져 보고 탄성을 질렀다. 테리 역시 분위기에 편승해 아인의 머리카락을 만져 보려는 찰나 묵묵히 옆자리를 지키던 그 무서운 얼굴의 귀부인이 테리의 손등을 살짝 쳤다.

"황녀님! 품위 없이 무슨 행동이십니까?"

그 때까지 호기심에 가득 차 있던 테리의 얼굴이 붉어지며 또 다시 예쁜 얼굴을 구겨 버렸다.

 아인이 1728년의 오스트리아 숙녀처럼 채비를 마치자 귀부인은 마지막으로 아인의 상태를 체크하고는 이상 없다는 듯 고개를 끄덕였다. 그건 아인의 성장(예의에 맞게 잘 차려입음)에 만족한다는 의미로 보였다. 귀부인의 허락이 떨어지기 무섭게 테리가 아인의 손을 잡고 방을 나섰다.

 쉰부른 궁전은 밖에서 보는 것만큼 내부도 화려하고 아름다웠다. 외부와는 달리 안은 주로 흰색과 황금색을 이용해 꾸며져 있었다. 커다란 창은 자줏빛 천에 금색 술이 달린 커튼으로 장식돼 있기도 했다. 더 놀라운 것은 천정에 화려한 그림이 그려져 있다는 것이었다. '어떻게 저렇게 그렸지?' 라는 생각으로 아인이 눈을 똥그랗게 뜨고 성 이곳저곳을 구경하느라 정신이 없는 모습에 황녀는 옅은 미소를 띠었다.

 대리석으로 된 긴 복도를 지나고 있을 때 한 무리의 남자들이 방에서 나오는 것이 보였다.

 "아버님!"

 테리가 반가운 얼굴로 황제에게 사뿐히 다가서자 그는 그녀를 안아 올렸다.

 "테리! 사랑스런 나의 딸!"

 황제 카를 6세는 유일한 상속녀의 뺨에 가볍게 입 맞추었다. 이 흐뭇한 광경에 주위의 신하 모두가 얼굴에 미소를 가득 띠었지만 어딘지 아쉬운 듯 금방 미소를 거두고 그늘진 표정을 지었다. 풍채가 좋은 한 신하는 작게 한숨을 내쉬기까지 했다.

"응? 저 아가씨는 누구냐, 테리?"

"친구 아인이에요."

카를 6세의 시선이 자신에게 향하자 아인은 잠시 긴장했다가 무릎을 굽혀 인사하고 고개를 살짝 들어 그의 표정을 살폈다. 테리와 닮은 깊고 푸른 눈동자가 아인을 보고 빙그레 웃는다.

"좋은 친구처럼 보이는구나. 사이좋게 지내거라."

황제는 딸을 품에서 내려 주었다. 테리가 아인과 그곳을 떠나려 할 때 나지막이 들려오는 말이 있었다.

"하아! 황녀가 아닌 황자였다면……."

"그러게. 딸은 아무 쓸모가 없어!"

"황태자 전하가 돌아가시지 않았다면 얼마나 좋았을꼬?"

말들은 아인이 돌아보도록 만들기에 충분했다. 그들은 앞서 다른 신하들과 걷는 황제와는 뒤처져 못내 아쉬운 듯 떠들고 있었다. 마치 황녀더러 들으라는 것처럼. 아인의 손을 잡던 테리의 손에는 힘이 들어가 있었다.

"어쩔 수 없어. 그런 소리를 듣는 건……. 그렇지만 확실히 불쾌해! 그렇다고 그곳에서 내가 화를 낸다면 아버님께 누가 될 테니 참았어. 얍삽한 늙은이들! 그런 것까지 미리 파악하고 떠들어 댄 거겠지."

테리는 아인이 묵을 방으로 안내한 뒤 투덜거렸다. 방은 좀 작은 느낌이 들었지만 아늑하게 꾸며져 있었다.

"그런 소릴 듣는 게 어째서 어쩔 수 없다는 거야? 네가 여자라서? 여자여도 왕위를 물려받아 나라를 훌륭하게 이끈 사람이 많잖아. 너도 -----테고!"

"응?"

여기서도 미래의 일은 들리지 않는지 테리는 고개를 갸웃하며 아인을 본다. 베스와 함께할 때는 이와 비슷한 일로 마녀 취급을 받기도 했었다.

"아무것도 아니야. 중요한 건 여자가 왕위를 이어받는 게 문제될 건 없다는 거야."

"나도 그렇게 생각해! 하지만 살리카법이 그걸 방해하고 있단 말이지."

"살리카법이 뭐야?"

"음~ 간단하게 말하자면 여성의 왕위계승을 금지한 법이야. 그것 때문에 아버님도 고민이 많으셔. 합스부르크 왕가의 직계 자손은 나뿐이거든. 앞으로 남동생이 태어날 수도 있겠지만 현재는 그래. 꼭 그 문제만은 아니지만……."

"고지식한 꼰대들도 한몫한다는 말이지?"

아인의 말에 테리는 크게 웃어 댔다.

"어쩌면 그렇게 내 맘을 잘 아는 거야? 아주 멋진 표현인걸! 꼰대라니! 어쩐지 너와는 마음이 잘 맞을 거 같아!"

아인도 우아한 듯 털털한 듯 밝은 황녀가 참으로 마음에 들었다.

황가는 곧 여름 별궁인 쇤부른 궁전에서 본궁인 호프부르크 궁전으로 옮겨갔다. 호프부르크 궁전은 쇤부른 궁전보다 오래되고 낡았지만 오랜 역사를 지니고 있어선지 웅장함만은 더욱 강하게 느껴졌다.

아인이 안으로 들어서자 궁전의 모든 일꾼이 궁전 내부를 구석구석 치우고 새로 장식하는 등 능숙하고 빠르게 일처리를 해 나가고 있었다.

"무슨 일 있어?"

"내일 저녁에 무도회가 있어서 그래. 그 준비를 할 수 있게 우리는 별궁에 잠시 머무른 거였고. 이제 마지막 준비를 하느라 바쁜 거야."

무도회란 말이 아인의 가슴을 설레게 했다.

다음 날 더욱 분주히 움직이는 사람들 속을 빠져나와 정원을 산책하고 있는데 통통한 모습의 중년 남자와 그 보단 키가 크고 좀 더 날씬해 보이는 남자 둘이 테리에게 머리를 조아렸다.

"오랜만에 뵙습니다. 공주님."

"정말 오랜만이네요. 하이든 경, 키르히아이젠 경, 가족 분들은 같이 안 오셨나요?"

"허허! 저희는 황제폐하의 부름을 받고 먼저 입궁한 것입니다. 저희 가족들은 시간에 맞춰 도착하겠지요."

인자한 얼굴의 키르히아이젠 경이 공주의 관심어린 질문에 웃으며 대답해 주었다.

"그럼 어서 아버님을 뵈러 가시지요."

"예, 그럼!"

테리가 아인을 데리고 자리를 뜨자 통통한 몸집의 하이든 경이 수군거렸다.

"합스부르크의 직계 혈통도 이젠 끝인가? 여자아이는 시집가면 그만인 것을……."

"이, 이보게."

난감해진 키르히아이젠 경이 황녀를 돌아보았지만 그녀는 아무것도 듣지 못한 양 제 갈 길을 걸었다.

"능구렁이 같은!"

두 남자가 보이지 않아서야 황녀는 기분을 나타냈다. 성난 기분을 담아 옆의 가느다란 나뭇가지를 부러뜨렸다.

"좀 답답하다. 말 타러가자!"

테리는 기지개를 쭉 펴더니 아인의 대답을 듣지도 않고 그녀를 이끌었다.

"오랜만에 오셨네요. 황녀님!"

짙은 갈색머리의 마구간지기가 웃으며 테리를 맞았다. 그리고는 조용히 두 마리의 말을 데리고 나왔다.

베스와 함께하면서 승마를 배운 적이 있던 아인이지만 여기서도 그때처럼 말을 탈 수 있을지 몰라 조금 두려운 마음이 들었다.

조심스레 말의 콧등에 손을 대봤다. 말은 그저 조용히 아인의 움직임을 주시할 뿐 아무런 행동도 없었다.

아인은 마구간지기의 도움을 받아 말에 오르고 가볍게 말의 옆구리를 찼다. 천천히 말이 움직인다. 순간 긴장돼 가슴이 크게 요동쳤다. 하지만 그것도 잠시, 몸은 곧 이전의 기억을 되살려 능숙하게 말을 몰 수 있었다.

"제법인데?"

먼저 멀리 달려 나간 줄 알았던 테리가 어느새 옆으로 와 아인의 승마술을 칭찬했다.

"그럼 갈까?"

테리가 먼저 힘차게 달려 나가자 아인도 뒤따랐다.

"오늘은 또 무슨 속상한 일이 있으셨을까?"

마구간지기가 멀어져 가는 황녀의 뒷모습을 보며 조용히 혼잣말을 했다.

한참을 달리고 돌아오니 온몸은 땀범벅에 머리는 엉망이 돼 있었다.

"이럴 수가! 황녀님, 저녁에 무도회가 있는 걸 잊으셨습니까?"

무서운 얼굴의 귀부인이 아인과 테리를 보고 기가 막힌 듯 손사래를 쳤다. 아인은 기가 죽어 미안한 표정을 지었지만 테리는 전혀 그런 기색이 없었다.

"그까짓 거."

"어서 목욕 준비를! 빨리 움직여 주세요. 오늘 그분도 오신답니다."

무도회 따위 대수롭지 않다는 얼굴을 하고 있던 테리의 표정이 갑자기 생기가 돌며 확 바뀌었다.

"정말? 그분이 오셔?! 이번엔 참석이 어렵다 하셨잖아?"

"그게 일정이 바뀌어서 참석하겠노라 조금 전 통보가 왔습니다."

"그렇다면 이러고 있을 때가 아니잖아? 아이참! 오늘 승마하느라 피부가 좀 탔을 텐데?!"

갑자기 호들갑스러워진 테리의 태도에 아인은 금방 적응이 되지 않아 어쩔 줄 몰라 했다.

"아인! 너도 어서 무도회에 참석할 채비를 해야지. 멀뚱히 서 있으면 어떡해?"

빨개진 볼로 자신에게 핀잔까지 주는 테리 때문에 아인은 그분이 무척 궁금해졌다.

"아인님은 이쪽으로 오시지요."

시녀의 안내로 들어간 곳엔 장미 꽃잎이 가득 띄워진 흰색 욕조가 뜨거운 김을 뿜으며 자리하고 있었다. 그 때문인지 욕실 가득 기분 좋은 장미향이 돌았다. 몸을 씻고 나왔을 때는 자신의 몸에서도 장미향이 나는 것 같아 더욱 기분이 좋아졌다.

아인을 위해 준비된 무도회용 드레스는 정말 눈이 부실 정도로 화려해서 어쩐지 조금 어색한 마음이 들어 입는 것을 머뭇거리게 만들었다.

어깨가 드러나고 짧은 소매는 귀엽게 부풀려진데다 하늘하늘한

레이스가 감색 드레스를 더욱 풍성하게 만들어 주었다.
"헤헤!"
채비가 끝나고 거울 앞에 서자 자신도 모르게 웃음이 흘러나왔다.
'이 정도면 귀족 아가씨라 해도 믿겠다.'
자신의 차림이 꽤나 만족스러운 아인이었다.

금으로 된 촛대. 은으로 된 식기. 붉은색과 노란색, 흰색 장미로 꾸며진 거대한 탁자 위로 크고 화려한 샹들리에가 초를 잔뜩 얹은 채로 홀을 빛으로 가득 메웠다.
'와아~!'

화려한 무도회장의 풍경은 아인의 입을 벌어지게 만들었다.
"큭큭! 입 다물어."
테리가 옆구리를 쿡 찌른다. 솔직히 아인은 자신이 이곳에 도착한 지 반나절도 채 지나지 않아 이렇게 화려한 무도회에 참석한다는 것이 상당히 부담스러웠다.
"괜찮아! 오늘은 그냥 내 뒤에 있어. 예법 같은 건 천천히 익혀도 돼. 지금부터는 내 뒤에 서서 사람들이 어떤 행동을 하는지 보고 분위기를 익혀 봐."
아인의 속내를 아는 것처럼 테리가 귓속말을 전했다.

홀에는 잔잔하고 부드러운 음악이 흘렀고 삼삼오오 모여 이런 저런 이야기를 나누는 사람들의 얼굴은 매우 즐거워 보였다. 테리가 카를 6세와 함께 시녀를 대동하고 들어서자 모두의 시선이 그녀에게 집중됐다.

그 바람에 아인은 잔뜩 긴장하고 말았지만 테리는 전혀 변화가 없었다. 우아한 귀부인과 잘 차려입은 아가씨들 사이에서 테리의 외모는 더욱 빛을 발했다. 카를 6세는 무도회를 즐기라는 말을 남기고 연회장을 빠져나갔고 테리는 귀족들의 인사를 받으며 자연스레 또래의 여자아이들이 모여 있는 곳으로 옮겨갔다.

2장

테리의 뒤를 따라 아이들이 모여 있는 곳에 도착하자 그 때까지 참새처럼 짹짹 떠들어 대던 숙녀들이 짜기라도 한 듯 모두 입을 다물어 버렸다.

"오랜만이에요, 여러분!"

그들의 반응에 아랑곳 않고 화사한 웃음을 짓는 테리에게 그들도 화답을 해 주었지만 어쩐지 테리를 반기지 않는 투가 역력했다.

'어째서?'

아인이 그들의 태도에 의문을 품는 찰나 테리가 자신의 드레스 자락을 꽉 쥐는 것을 아인은 목격했다.

'테리? 떨고 있니? 어른들 앞에선 당당하게 행동하던 테리가 왜?'

"어머나! 황녀님 그간 안녕하셨어요? 오랜만에 뵙네요?"

머리를 높이 올리고 비단으로 만든 꽃 모양의 장식으로 화려하게 꾸민 한 숙녀가 눈웃음을 치며 테리의 앞에 나섰다. 밀가루를 뒤집어쓴 듯 하얗게 칠한 얼굴, 붉게 칠한 입술 옆에 나 있는 점이 굉장히 얄미운 인상을 만드는 사람이었다.

"그래요, 레이디 요안나 하이든. 그간 잘 못 지냈나 봐요? 안색이 상당히 창백해 보이네요. 게다가 못 보던 점까지?"

'하이든? 아까 본 통통한 아저씨의 딸인가?'

그러고 보니 찹쌀떡같이 통통한 얼굴이 닮은 것도 같았다. 나중에 알게 된 사실이지만 하이든이 상업으로 벌어들이는 돈이 어마어마해 그 딸의 거만함이 하늘을 찌르는 것으로 유명했다.

"어머~ 황녀님도 참! 요즘 프랑스의 베르사유 궁전에서 유행하는 최신

화장법이랍니다. 거기다 이 점은 매력 점이라고 하지요."

'전혀 매력적이지 않아!'

아인이 속으로 외쳤다.

"흐음. 그렇군요. 전 유행엔 별 관심이 없어서요. 그리고 매력은 화장보단 책을 읽고 교양을 쌓은 데서 더 많이 뿜어져 나온다 생각하고 있어서요."

요안나의 입술이 불쾌하게 꿈틀거렸다. 분명 얼굴도 확 달아올랐을 테지만 두껍게 칠한 화장 때문에 다행히 보이지 않았다. 하지만 나쁜 기분을 겉으로 드러내지는 않았다.

"물론 그렇지요. 하지만 두 가지를 다 갖춰야 진정한 여인이 아닐까요?"

"요안나 양이 그렇게 생각하고 있는 줄은 전혀 몰랐네요."

웃고 있는 두 사람 사이에서 이상한 불꽃이 파바박 튀었다. 그 묘한 신경전의 보이지 않는 불꽃이 두 사람 사이에서 마구 튀고 있을 때 젊은 시녀가 테리의 귀에 무언가를 속삭였다. 아인은 아름다운 테리의 얼굴이 만개하는 꽃처럼 활짝 피는 것을 보았다. 황녀는 그 때까지 대화를 주고받던 요안나에 대해서는 까맣게 잊은 듯 인사도 없이 돌아서서 무도회장을 빠져나갔고 아인도 테리의 뒤를 따라나섰다.

"무슨 일이야, 테리?"

아인의 물음에 테리는 아인을 돌아보며 환하게 웃어 보였다.

"그분! 스테판님이 오셨어!"

하지만 급히 테리의 행보를 막는 사람이 나타났다. 무서운 얼굴의 시녀장이었다.

"노이호프 부인."

테리는 그녀 앞에 멈춰 서 어쩔 줄 몰랐다.

'아하! 저분 이름이 노이호프구나. 이제 알았네.'

그제야 아인의 궁금증이 풀렸다.

"테레지아님. 당신이 스테판님을 얼마나 좋아하는지 잘 알지만 지금 행동은 일국의 공주님께서 하실 행동으로는 보이지 않습니다. 어서 회장 안으로 돌아가셔서 공주님의 일을 계속해 주세요. 그분도 곧 그곳으로 갈 테니까요. 아인님, 공주님을 모셔 가세요."

불만에 가득 찬 테리의 볼이 통통 부어올랐다.

"아! 음~ 테리?"

"알았어! 돌아가면 되잖아!"

화가 난 테리가 몸을 휙 돌려 쿵쾅 거리며 오던 길을 되돌아갔다.

"그분, 스테판님이 누구야?"

순간 테리의 화가 나 벌겋게 달아오른 얼굴이 싹 녹아내리며 아인의 두 손을 굳게 잡았다.

"아아~ 그분은 정말 아름답고 멋지고 우아하고 사랑스럽고 귀엽고 세상에서 제일 매력적인 분이야!"

테리는 두 눈에서 하트의 기운을 가득 내뿜으며 사랑이 듬뿍 담긴 목소리로 스테판을 찬양했다. 그로부터 연회장으로 돌아가는 내내 스테판이 얼마나 멋진 사람인지 아인은 귀가 따갑도록 들어야 했다.

　테리가 무도회장에 다시 들어섰을 때 요안나가 기다렸다는 듯 달려 나왔다. 그리고 뭔가 쏘아붙이려는 순간 테리가 온몸에서 광채를 뿜어내며 상냥하게 말을 건넸다.

　"레이디 요안나 하이든! 이제 보니 입술 옆의 점이 너무 앙증맞고 귀엽네요. 굉장히 잘 어울려요. 역시 프랑스에 다녀온 티가 나네요."

　그녀의 말에 요안나가 주춤거리며 뒤로 물러섰다.

　"아하, 네! 감사해요."

　테리는 가볍게 목례를 한 후, 나비처럼 나긋나긋 우아하게 움직여 홀에서 가장 밝은 곳에 섰다. 그 모습에 모두들 그녀에게 빠져들었다.

　"역시 너무나 아름다우셔."

　"고귀한 분!"

　여기저기서 탄성이 흘러나왔다. 하지만 요안나 무리는 여전히 못마땅한 얼굴로 테리의 행동을 주시하고 있었다.

　잠시 후 입구가 술렁이는 소리가 들리며 모두의 이목이 그 쪽으로 집중되었다.

　"아!"

　테리의 얼굴에 갓 피어오르는 붉은 장미와 같은 붉은빛이 감돌았다.

　이제 막 회장으로 들어온 훤칠한 키의 남자는 갸름한 얼굴에 회색 머리카락의 청년이었는데 뚜렷한 이목구비와 깊은 눈매가 사람들의 시선을 잡아끄는 굉장한 미남자였다.

입구에 몰려 있던 사람들이 한 걸음씩 물러나 청년과 테리 사이에 길을 만들어 주자 그는 곧바로 테리에게로 다가왔다.

"프란츠 스테판 폰 로트링겐, 마리아 테레지아 황녀님께 인사드립니다."

가까이서 보니 부드러운 인상으로, 짙은 푸른 눈동자가 조각 같은 외모란 말과 잘 어울리는 남자였다. 이제야 아인은 테리가 왜 그토록 입에 침이 마르도록 스테판의 외모를 칭찬했는지 알 것 같았다.

테리가 수줍은 듯 미소를 띠며 그를 향해 오른손을 내밀자 스테판은 그 손등에 가볍게 입을 맞추었다.

"참석하지 않는다고 알고 있었는데 이렇게 뵙게 되어서 참으로 기쁩니다."

"저 역시 황녀님을 다시 뵙게 되어 참으로 영광입니다."

부드러운 춤곡이 흐르자 스테판은 자신을 뜨겁게 바라보는 11살의 소녀에게 팔을 내밀었다. 그건 함께 춤을 추자는 의미였다. 그림 같은 두 사람이 연회장의 한가운데로 모두의 시선을 받으며 미끄러져 들어갔다. 음악에 맞추어 움직이는 아름다운 커플의 모습에 아인도 흠뻑 취해 있는데 옆에서 소곤거리는 소리가 그걸 방해하고 나섰다.

"정말 얄미워 죽겠어! 다 가지고 태어났으면서 이제 스테판님까지!"

"그러게 말야! 난 스테판님을 짝사랑한 지 벌써 5년째라고. 마리아 테레지아님보다 훨씬 옛날부터 좋아했는데! 속상해, 정말!"

이름 모를 아가씨가 값비싸 보이는 레이스 손수건을 물어뜯으며 분노를 표출했다.

"너무 걱정들 마. 너희에게도 아직 기회는 있어!"

요안나의 목소리였다.

"스테판님이 테레지아님께 호의를 보이는 건 왕좌 때문이야. 잘 생각해 봐. 공주는 여자라 왕위를 물려받지 못하니, 스테판님이 테레지아님과 결혼한다고 해도 왕위는 다른 분께 넘어가지 않겠어? 그렇다면 스테판님이 어린 공주에게 관심과 호의를 보이는 건 오래 가지 않을 거라는 말씀! 그러니 여인으로서 훨씬 성숙한 너희들이 더 유리하지 않겠니?"

그녀의 설명에 두 소녀뿐만 아니라 근처에서 조용히 그 말을 듣던 다른 소녀들까지 주먹을 불끈 쥐어 보였다. 그리고는 가슴 파인 드레스를 아래로 내려 가슴골이 더욱 드러나 보이도록 애쓰거나 머리를 더 매만지는 등 스테판과 테리의 춤이 어서 끝나기를 기다렸다. 다음 파트너의 명예를 꿈꾸며. 좀 전 테리가 이들에게 다가왔을 때 알 수 없는 냉정한 기운을 뿜은 것이 어쩌면 저 아름다운 남자 때문일지도 모른다는 생각에 아인은 웃음이 나왔다.

그러나 소녀들의 희망은 철저히 무너지고 말았다. 두 번째 곡도 스테판은 테리와 함께했으며 춤이 끝난 뒤에는 공주의 손에 이끌려 아인과 인사를 나누게 되었다. 소녀들의 질투가 오늘 처음 나온 아인에게로 쏠려 아인은 이글거리는 뜨거운 시선을 온몸으로 받아 내야했다.

"공주님께 이런 친구 분이 계시다니. 이국적인 분위기가 나는군요. 매우 신비로운 느낌입니다."

스테판은 그 부드러운 인상과 상냥한 어투로 아인에게 인사를 해 왔다. 그 바람에 아인은 정신이 혼미해지는 걸 느꼈다. 두 볼로 열이 올랐다.

"아, 네. 음, 저기! 그러니까."

"칭찬에 감사하다고?"

어떤 말을 할지 몰라 난감해 하는 아인을 대신해 테리가 대꾸해 주었다.

"아! 네, 맞습니다!"

"하하! 귀여운 면도 있으시군요."

"제 친구니까요."

테리가 새침한 미소를 지으며 어깨를 으쓱해 보였다.

"그렇군요."

감미로운 선율이 연회장을 감싸자 스테판은 테리와 함께 음악 속으로 빠져들었다. 어디선가 많이 들어 본 귀에 익은 음악. 오스트리아 출신으로 '왈츠의 아버지' 라 불리는 요한 슈트라우스의 곡 〈박쥐〉였다. 아인이 좋아하는 피겨스케이트 선수가 연기할 때 사용한 음악이라 너무나 잘 알고 있었다. 그 덕인지 긴장이 조금씩 풀려 갔다.

'흐아~ 혼이 빠져나가는 줄 알았네. 여러 가지 의미로 굉장한 사람이구나.'

"넌 뭐야?"

"에?"

고개를 들자 질투에 사로잡힌 소녀들이 아인에게 몰려와 정체를 파악하기 위해 질문 공세를 퍼부었다.

"그러니까 난, 공주님의 친구."

"웃기지 마! 공주님의 친구라니? 그녀는 한 번도 친구를 데리고 다닌 적이 없어!"

"친구가 있기나 해?"

"그렇게 쉽게 사귈 수나 있어? 공주님을?"

'친구가 있기나 하냐고? 만인의 사랑을 받는 공주님이 어째서 친구가 없겠어? 게다가 궁궐 사람들에게도 나를 친구라 소개했을 때 아무도 뭐라 하지 않았잖아. 어쩌면 공주가 마음을 주고 친구로 데려온 사람이 나뿐? 어?'

아인은 그 말들을 이해할 수 없었다. 이상한 괴리감이 아인을 감싸고 있을 때 테리의 목소리가 들려왔다.

"맞아요. 그 아이는 나의 친구입니다. 그러니 여러분도 그 애에게 험한 태도는 보이지 말아 주세요."

아인이 예의 없는 숙녀들에게 둘러싸인 것을 보았는지 테리가 춤을 멈추고 와서 그녀의 편을 들었다. 스테판이 뒤에서 팔짱을 낀 채로 아인 주변의 숙녀들을 바라보자 그녀들은 슬금슬금 자리를 피했다.

'아아! 테리가 왜 나를 불렀는지 조금은 알 것 같아.'

생각해 보니 이곳에 온 지 일주일 가까이 지났지만, 궁에서 보낸 그 시간 동안 아인은 어린애라고는 테리 외엔 본 기억이 없었다. 게다가 테리는 형제조차 없었다.

아무리 궁내의 사람들에게 애지중지 관심을 받아도 또래친구가 없는 외로운 처지였다. 아인은 바쁜 부모님을 대신해 자신을 돌봐 준 삼촌과 지냈지만 그 외로움을 잘 알고 있었다. 친구들이 언니와 싸운 이야기나 동생과 사이좋게 지낸 이야기들을 할 때마다 얼마나 부러웠는지 새삼 기억이 났다.

"정말이지, 이래서야 너만 두고 내가 움직일 수 있겠어?"

테리의 장난 섞인 핀잔을 들으며 아인은 방긋 웃어 보였다.

"미안! 이제 걱정하지 않도록 노력할게!"

아인의 반응에 테리는 상당히 만족스러워 보였다.

다시 입구 쪽이 술렁거렸다. 누군가 새로운 인물이 나타난 모양이다. 이번에도 테리를 향해 길이 뻥 뚫려 새로 들어온 사람의 인상이 한눈에 들어왔다. 그 모습에 아인의 두 눈이 크게 떨렸다.

"아아~!"

금실을 풀어 놓은 듯 엷은 금발, 그리고 잊을 수 없는 푸른색과 녹색, 금색이 뒤섞인 신비롭고도 아름다운 눈동자. 처음 만났을 때의 모습 그대로였다. 아인의 머릿속에 그와의 추억이 넘쳐흘렀다.

심장이 금방이라도 터질 것처럼 빠르게 요동쳤다.

'어떻게, 어떻게 당신이! 데니?!'

3장
같은 이름 다른 사람, 다니엘

Maria Theresia

"하아! 정말이지 꿈만 같은 무도회였어. 스테판님은 굉장히 멋있고, 몸놀림 또한 어찌나 우아하신지. 춤을 추실 때 발동작은 어떻고~!"

사랑에 푹 빠진 소녀가 창밖의 달을 향해 복숭아 빛 볼을 밝히며 자신이 사랑하는 사람이 얼마나 굉장한지 읊고 또 읊었다. 그녀의 주위에 꽃이 만발한 것 같은 착각이 들 정도였다.

"네가 봐도 정말 멋있지? 아인?"

사랑에 빠진 소녀가 친구의 동의를 얻고자 뒤를 돌아보았을 때 그녀는 소스라치게 놀라 자신도 모르게 소리를 질렀다. 아인이 깊이를 알 수 없는 블랙홀을 만들고 있었던 것이다.

"헉! 왜 그래?"

"응?"

아까와는 달리 생기를 잃고 귀신같은 몰골을 한 친구의 모습에 테리는 아인을 침대에 눕히고 목까지 이불을 덮어 주고는 어깨를 토닥토닥 두드려 주었다.

"저기 무슨 일인지는 모르겠지만 푹 쉬어. 자고 일어나면 괜찮을 거야, 응?"

테리는 아인의 이마에 입을 맞추고 방을 나서다 잠시 멈춰 섰다.

"저기 있잖아. 난 네가 와 줘서 참 좋아. 하지만······."

테리는 뒷말을 잇지 못하고 머뭇거리다 이내 아무것도 아니라며 푹 쉬라고 말한 뒤 문을 닫았다.

어스름히 푸른 달빛만이 아인의 방을 밝혀 주었다. 물끄러미 달을 바라보고 있자니 무도회에서 자신을 쳐다보는 냉정한 다니엘의 눈빛이 생생히 떠올랐다.

"그 손 치워!"

낮고 차가운 목소리.

황녀에게 인사를 하고 그녀의 뒤를 따르는 다니엘의 팔에 아인은 자신도 모르게 손을 댔다. 어떻게 이곳에 있는지, 왜 자신을 모른 척하는지 모든 것이 혼란스러워 붙잡고 물어야 했다. 그러나 돌아온 것은 얼음보다 차가운 대답과 뿌리침뿐이었다.

분명 같은 장소에 한 걸음만 내딛으면 닿을 거리에 있으면서도 아인은 다니엘에게 차마 말을 걸 수 없었다. 그가 온몸에서 거절 의사를 보내며 아인에게 전혀 곁을 주지 않았기 때문이었다. 게다가 다니엘의 옆엔 요안나가 찰싹 달라붙어 있어 더욱 그러했다. 그리고 그는 요안나를 거절하지 않았다. 오히려 아인과는 달리 정반대의 부드러운 태도를 보였다.

또 가슴 한 구석이 찌릿하고 울렸다.

'데니가 아니야.'

두 팔을 이마에 얹으며 아인은 애써 잠을 청했다.

"그 사람 누구야?"

"누구?"

아침 식사를 마치고 수업 전 잠깐 있는 휴식 시간에 아인이 물었다.

"그, 어제 마지막으로 무도회에 참석한 남자아이 있잖아. 그 사람 이름이 뭐야? 못 들었는데."

테리가 갸웃거리며 어제의 일을 회상해 본다.

"금발에 특이한 눈동자를 한, 요안나가 딱 달라붙어 있던 그 남자."

그제야 생각이 났는지 테리가 손바닥을 팡 쳤다.

"아~ 다니엘!"

"이름이 다니엘이야?!"

너무 놀란 아인이 크게 소리를 지르는 바람에 공부방으로 향하는 복도가 쩌렁 울렸다.

"아, 깜짝이야! 아는 사람이야?"

"그럴 리는 없겠지만 너무나 닮았어. 게다가 이름도 같아!"

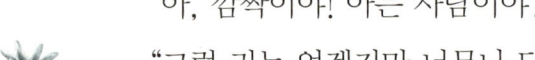

"풀 네임이 뭔데?"

"다니엘 켄트."

"그럼 아닐 텐데. 그 사람은 다니엘 라인하르트 폰 키르히아이젠이거든. 그 켄트라는 사람이랑 그렇게 닮았어?"

"닮은 정도가 아니야! 똑같이 생겼다고 하는 게 맞을 거야."

"헤에! 그 정도야?"

"대체 어떻게 된 걸까?"

"켄트는 어디서 봤는데?"

"영국!"

"언제?"

"그러니까 그……."

아인은 더 이상 말문을 잇지 못했다. 데니와 만나 즐거운 시간을 보낸 건 1500년대였지만 지금 아인이 있는 이곳은 1700년대로 거의 200년이나 시간 차이가 나니 말이다.

'어쩌면 다니엘도 나처럼 시간 여행을 하는 건 아닐까? 그렇다면 이렇게 만나는 게 이상한 건 아니잖아? 그런데 나는 데니를 기억하는데 어째서 그는 그렇게 차갑게 구는 걸까? 혹시 미처 인사도 하지 못하고 떠난 것에 화가 나서 그런 걸까?'

순간적인 생각이 아인의 머리를 휩쓸었다.

"아인?"

자신을 물끄러미 바라보는 테리와 눈이 마주쳤다. 이 혼란스러움을 그녀에게 말해도 좋을 것인지 걱정이 들었다.

'어쩌지?'

아인은 혼란스러움에 싸였지만 마침 히브리어 가정교사가 들어오는 바람에 테리에게 아무 말도 할 수 없었다. 이어지는 수업 일정으로 인해 아인은 결국 밤이 돼서야 이야기할 수 있었다.

"그게 정말이야?"

아인은 결국 영국에서 지냈던 시간을 테리에게 이야기해 버렸다. 테리는 아인이 베스와 지낸 것보다는 그때의 데니와 지금의 데니가 똑같이 생긴 인물이라는 점에 더욱 흥미를 느꼈다.

"혹시 영국의 다니엘이 너를 찾아 떠났다 돌아와서 결혼해 아이를 낳고 낳고 낳아서 지금의 다니엘이 태어난 건 아닐까?"

3장

"그럴 수도 있겠지만 그렇게 똑같이 생긴 얼굴로 태어날 수도 있나?"

"음, 근데 키르히아이젠 가는 합스부르크 왕가와 관련된 가문이라……. 뭐 시간이 오래 흘렀으니 딱 아니라고 할 수도 없겠네."

"내가 생각한 또 다른 경우는 데니도 혹시 나처럼 시간 여행을 하는 걸까 싶은데, 어때?"

"음, 그건 아닌 거 같아! 난 그와 어려서부터 알고 있었는데? 게다가 그는 가족이 다 있다고!"

생각해 보니 그렇다. 아인은 단독으로 왔고 이곳에 가족은커녕 아는 사람도 한 명 없다. 그런데 다니엘은 달랐다.

"그건 그러네. 난 그냥 툭 튀어 나온 사람인데 다니엘은 아니구나."

"그렇다 해도 태어나는 걸 내가 본 건 아니니까! 아주 어려서 이쪽으로 시간을 넘어와 키르히아이젠 가에서 거둬 준 걸지도 모르지. 그리곤 가문의 이익을 위해서 정략결혼의 대상이 되는 거야. 그 상대는 미련한 요안나 양이고!"

"에에? 정략결혼?"

"그래. 합스부르크는 그런 식으로 커왔으니까! 방계 가문들도 같은 방법을 쓰지 않겠어? 분명 희생양이 되는 거겠지."

"으아!"

밤이 깊도록 소녀들의 망상과 호기심은 점점 증폭돼 가고 있었다.

"살롱음악회 말씀이십니까?"

"응, 스테판님이 계실 때 한번쯤 열어 보는 것도 괜찮지 싶은데……."

"나쁘지 않겠지요. 그럼 날짜는 언제로?"

"수요일 오후가 좋겠어. 그날은 오후 수업이 없거든. 초대 손님은 명단을 짜서 올려 줘. 키르히아이젠 가도 넣어서!"

"예, 그렇게 하지요."

노이호프 부인의 허락이 떨어지자 아인과 공주는 마주보고 씨익 웃었다.

두 사람은 전날 밤에 다시 한 번 다니엘을 만나 그의 정체를 파악해 보기로 하고 음악회를 열기로 한 것이다.

시장경제 수업을 듣기 위해 가정교사를 기다리는 동안 테리는 책을 들춰보며 조금 투덜거렸다.

"으, 어려워. 공부가 싫진 않지만 가끔은 내가 이런 걸 왜 배워야 하는지 의문이 들 때가 있다니까!"

양 볼에 공기를 잔뜩 넣고 뽀로통한 표정을 지었다.

"뭐, 준비가 아닐까? 미래에 대한?"

테리는 알 수 없는 힘으로 아인을 이곳까지 불러 왔으면서도 본인에 대한 미래는 모르는 것 같았다.

"넌 어떤 공부를 했어? 있던 곳에서 말이야."

"음. 같은 나이의 아이들이 학교라는 곳에서 한 선생님께 많은 걸 배웠어. 국어, 산수, 음악 등등. 너처럼 가정교사가 따로 있지는 않고……."

"그 선생 굉장하네! 그걸 다 알고 가르친단 말이야? 혼자서?"
"응~!"
"그래도 친구들과 같이 수업을 듣는 건 무척 재미있는 일이겠다. 학교라! 나중에 어른이 되면 그런 제도를 만드는 것도 멋지겠는걸?"
"호오! 그건 정말 멋진 생각이군요."
어느새 선생이 들어와 두 사람의 대화에 끼어들었다. 그리고 교육의 중요성과 시장 원리에 대한 수업을 시작했다.

"덥다."

오스트리아의 여름은 매우 뜨겁다. 이미 한낮을 지났는데도 불구하고 후끈한 열기가 남았다. 에어컨 바람에 익숙한 아인에게 이런 더위는 참기 힘들 정도였다. 하지만 테리는 이 더위에도 연신 방긋거리며 스테판과 정원을 거닐고 있었다. 나무 그늘에서 시원한 바람을 청하고 앉은 아인 옆으로 인기척이 났다.

"이곳은 제법 시원하구나."

그림 같은 두 사람을 감상하던 아인은 깜짝 놀랐다. 옆에 앉은 사람이 다름 아닌 테리의 아버지, 즉 현 국왕 카를 6세였다. 벌떡 일어나 예를 표하는 아인에게 손짓을 하는 국왕은 어딘지 사람을 편하게 하는 면이 있었다.

"괜찮아, 앉으렴."

아인이 조심스레 옆에 앉자 이번엔 자신의 뒤를 따라온 두어 명의 보좌관에게 물러가 있으라고 명했다. 그리고 아인과 함께 자신의 딸과 그녀가 사랑하는 남자를 지긋이 바라보았다.

"아름다운 짝이지 않은가?"

"예! 정말 그림에서 튀어 나왔다는 말이 너무나 잘 어울리는 분들이에요."

"하하!"

시원한 바람이 불어와 더위를 조금 훔쳐갔다. 아인과 함께 있는 아버지를 발견한 테리가 환하게 웃으며 프란츠에게도 알렸다. 국왕이 손으로 오지 않아도 된다는 신호를 보내자 스테판은 가볍게 목례로 인사를 대신했고 테리는 귀엽게 손을 흔들었다. 사랑을 가득 담은 눈으로 그 둘을 응시하던 카를 6세가 입을 열었다.

"난 저 아이가 참으로 걱정이란다."

"네?"

"마리아 테레지아는 모두에게 사랑 받고 있지만 언제나 외톨이였단다. 성안에도 또래친구가 없지만 귀족 중에서 비슷한 또래를 만난다하더라도 속내를 털어 놓을 수 없기 때문이지. 모두들 그녀를 어렵게만 생각하고 있을 테니. 그래서 저 아이가 너를 데리고 내 앞에 섰을 때 난 참으로 놀랐단다. 그리고 기뻤지. 마음 맞는 친구를 얻은 것이 말이다. 게다가 넌 어쩐지 신용이 들더구나. 마치 신이 보내 주신 것 같았단다."

아인은 왠지 간지러운 기분이 들어서 몸을 살짝 움츠렸다.

"난 내 하나뿐인 딸에게 모든 것을 넘겨주고 싶은데 가능할지

3장

걱정이구나. 저 아이가 이겨 낼 수 있을지도……."
 아인은 순간 삼촌이 해 주었던 말이 떠올랐다.

"마리아 테레지아의 아버지인 카를 6세는 유일한 자식이자 합스부르크의 마지막 직계 혈통인 딸에게 자신의 모든 것을 남겨 주기 위해 무척이나 노력했다고 해. 그녀가 어릴 때부터 제왕의 수업을 하고 모든 방계 합스부르크의 귀족들과 주변 국가의 승인을 얻기 위해 엄청난 공을 들였지. 그리고 마침내 모두의 허락을 받아냈어."
 "와~ 굉장한 아빠구나!"
 그 말을 들은 아인은 카를 6세에 대해 궁금해졌다.

 그렇게 대단한 사람이 지금 자신의 옆에서 그의 생각을 이야기한다고 생각하니 아인은 자신도 모르게 웃음이 나왔다.
 "걱정 마세요, 전하! 테리에겐 신비한 힘이 있고 전하의 믿음을 저버리지 않을 테니까요. 그러니까 전하는 전하의 뜻을 그대로 밀고 나가시면 될 거예요."
 아인의 말에 카를 6세의 눈이 휘둥그레 커졌다.
 "하하! 너도 참으로 대단한 아이구나. 내가 저 아이를 위해 어떤 일을 하는지 안다는 것이냐?"
 순간 아인의 등으로 식은땀이 흘렀다.
 '마, 말하면 안 되는 거였나?'
 "저기, 그러니까 저는……."

"괜찮다. 테리가 너를 선택한 이유를 잘 알겠구나. 내가 테리와 이 나라를 위해 준비한 것이 만약 그 애에게 짐이 된다면 그 땐 네가 그 아이에게 힘이 돼 주렴. 넌 분명 그렇게 할 수 있을 것 같구나. 부탁한다!"

또 다시 시원한 바람이 불어와 대지의 열기를 앗아갔다.

감미로운 피아노 선율이 때론 빠르게, 때론 천천히, 그리고 때론 부드럽게 방 안을 가득 채웠다. 초대를 받고 피아노 앞으로 빙 둘러앉은 귀족들이 한 곡이 끝날 때마다 크게 박수를 쳐 주어 반주자의 기분을 북돋았다.

통통 튕기는 피아노 소리가 귀엽다고 생각하며 아인은 부채로 얼굴을 가리고 정원 쪽으로 난 창가를 슬쩍 보았다. 금실 같은 머리카락이 햇살을 받아 부드럽게 반짝였다. 그는 등을 꼿꼿이 세우고 무뚝뚝한 표정으로 피아노와 반주자만을 응시할 뿐이었다.

'데니가 아닐 거야.'

애써 외면했지만 자꾸 신경이 쓰이는 건 어쩔 수가 없었다. 그럴 때마다 테리가 아인의 옆구리를 아무도 모르게 콕 찔러 아인도 연주를 듣기 위해 노력했다.

피아노 연주회가 끝나고 테리와 아인이 이야기를 나누고 있을 때 다니엘이 곁으로 다가왔다. 물론 밀가루를 뒤집어쓴 듯 하얀 얼굴을 하고 붉은 입술 옆에 점을 그려 넣은 요안나와 함께였다.

"오늘 초대, 영광입니다."

3장

테리에게 하는 말이 분명함에도 아인의 가슴이 두근두근 울렸다. 기억 속의 다니엘 목소리와 꼭 닮았다.

"무슨 말씀을요. 우리는 같은 합스부르크 가문의 사람인걸요. 초대야 당연하지요. 아, 요안나 양 요즘 프랑스는……."

테리가 요안나의 팔을 끌고 가 버려 아인은 다니엘과 둘만 남겨졌다.

'악! 갑자기 이렇게 남겨 두면?!'

당혹스러움에 어쩔 줄 몰라 굳어 있는 아인과는 달리 다니엘은 벽에 편하게 기대섰다.

"쳇, 제멋대로인 여자! 짜증나는군."

그 말에 아인은 놀라 다니엘을 바라보았다. 아인의 시선을 느낀 다니엘도 그녀를 보고 기분 나쁜 표정을 지었다.

"뭐야, 넌?"

불쾌한 말투가 아인의 신경을 거슬러 울컥 화가 났다.

"그러는 넌 뭔데? 방금 그 말 마리아 테레지아님께 한 말은 아니겠지?"

아인이 조용한 어조로 강하게 쏘아붙이자 다니엘이 놀라 몸을 바로 세웠다. 그리고는 코웃음을 치며 대꾸했다.

"그게 너랑 무슨 상관이야?"

"난 테리의 친구니까! 친구한테 험한 말하는 건 그냥 두고 볼 수 없거든."

"하! 웃기는군. 저 공주에게 친구라니? 그런 헛소리를 나보고

믿으라고?"

이번에는 무시하는 말투다.

"네가 믿건 말건. 중요한 건 내가 그녀의 친구라는 거야! 두 번 다시 내 앞에서 그녀에 대해 험담하지 마!"

아인은 신경질적으로 몸을 획 돌리고는 그 자리에서 떠나려다 다시 몸을 돌려 한 마디 더 쏘아붙였다.

"내가 볼 때는 네가 더 친구가 없을 것처럼 보이는데?"

시원하게 콧방귀를 뀌고 그 자리를 총총 벗어났다. 남겨진 다니엘은 기가 차서 아인이 사라지는 모습을 두고 볼 수밖에 없었다.

'대체 어디서 튀어 나온 계집애지?'

스페인에 있다 오스트리아로 넘어온 지는 4년 정도 지났다. 그 동안 그는 한 번도 아인을 본 적이 없었다. 상당히 동양적인 외모를 지녔기 때문에 잠깐이라도 스쳤다면 절대 잊었을 리가 없다. 지난 무도회에서 공주 옆에 있는 것을 보았을 때는 공주의 시녀쯤 되는 평범한 집안의 여식일 거라 생각했었다. 그런데 예상과는 달리 공주의 친구라며 당당히 이야기하고 자신에게 화를 냈다는 사실에 깜짝 놀랐다.

키르히아이젠, 합스부르크의 방계 혈통. 아무리 집안의 재정과 힘이 약해졌다고 해도 상당한 명문가이기 때문에 저렇게 함부로 구는 이는 많지 않았다.

"건방진 녀석이군."

"절대로! 절대로 데니가 아니야!"

66

아인이 씩씩거리며 은잔에 담긴 음료를 벌컥벌컥 마셔 댔다.

"괜찮아?"

테리가 놀란 얼굴로 물었다.

"전혀 안 괜찮아! 저렇게 성격 나쁜 사람이라니?!"

그럴 거라 예상은 했지만 상당히 기분이 나빴다. 저렇게나 같은 얼굴, 같은 목소리로. 그 사실이 더욱 아인의 기분을 상하게 만들었다. 다정하게 자신을 보던 눈동자가 경멸과 무시를 담고 있다니.

"세상에 닮은 사람이 세 명은 있다니까 그렇게 생각하고 말래."

아인은 스스로 결론을 내리고 이름과 얼굴이 같은 건방진 다니엘은 잊기로 했다. 하지만 그것으로는 분이 풀리지 않아 연주회가 끝나고 저녁만찬을 하는 내내 무시해 주었다. 일부러 앞을 지나치며 기분 나쁜 웃음을 흘리기도 하고 눈을 흘겨 그를 노려보기도 했다. 역시나 못된 다니엘은 그런 부분에선 상당히 약한 면을 보였다. 아인의 태도에 자신의 기분을 그대로 드러냈던 것이다. 화가 나 얼굴이 발갛게 달아오르면서도 참으려 애쓰는 모습이 역력했다.

"큭큭! 아~ 쌤통이다!"

아인은 부채로 얼굴을 반쯤 가리고 기쁘게 웃었다. 스테판과 내내 붙어서 즐거운 시간을 가지던 테리도 그가 잠시 자리를 비운 새 웃음을 토해냈다.

"아하하~ 저런 모습은 처음 봐. 만날 얼마나 고고하고 잘난 척 했는데……."

"무엇이 그리 즐거우신지?"

스테판이 돌아오자 테리는 허리를 숙여 크게 웃던 모습을 지우고 꽃처럼 방실거렸다.

"소녀들끼리의 이야기랍니다. 미남자는 빠져 주세요."

일정을 모두 마치고 돌아가는 마차 안에서도 다니엘의 구겨진 얼굴은 펴지지 않았다. 아인의 행동이 거듭 생각이 나 더욱 화가 치밀었다.

"그 계집애~!"

"왜 그래, 다니엘?"

"몰라도 돼!"

맞은편에 앉아 자신의 기분을 맞추려는 요안나에게 다니엘은 화풀이를 하고 말았다.

"뭐야, 정말!"

무안해진 요안나는 빠르게 부채질을 해 대며 창밖으로 시선을 돌렸다.

"불쾌해, 푹푹 찌는 여름 날씨보다 더!"

"나도 유쾌한 기분은 아니네."

폭죽이 밤하늘에 꽃을 피우며 화려한 소음을 내고 있을 때 딱 마주친 아인과 다니엘은 입술을 삐죽거리며 불편한 심기를 드러냈다. 오늘은 헝가리와 프로이센 사신의 환영 연회로, 마지막을

3장

불꽃놀이로 장식 중이었다.

　아인과의 만남이 불편해진 다니엘이 몸을 돌리다 사신과 이야기 중인 테리와 황제를 발견했다. 사신이 두 사람의 비위를 맞추기 위해 연신 굽실거리는 것을 보며 혀를 찼다.

　"쳇, 쓸데없는 짓을 하는군. 공주가 왕위를 이어받을 리 없는데 왜 저렇게 비굴하게 구는지 이해가 안 돼."

　"흥, 공주가 왕위를 이어받을 수 없다고 굳게 믿는 게 더 이해가 안 되네!"

　아인의 발언에 다니엘이 무서운 얼굴로 획 그녀를 돌아보았다.

　"그게 무슨 뜻이지?"

　"들은 그대로!"

　"그 말은 공주가 왕위를 이어받을 거라는 소린가?"

　"난 그렇게 말하지 않았는데?"

　아인이 시치미를 떼며 능글맞게 대답을 피하자 다니엘의 입술이 삐죽거렸다. 상당히 기분이 상한 것처럼 보였다.

　"너 말이야. 공주의 친구라고 너무 나댄다고 생각하지 않아?"

　"전혀!"

　아인이 생긋 웃음을 날리고 테리에게로 가 버리자 다니엘의 주먹이 부들부들 떨렸다.

　"저게."

　"누구냐? 저 아이는?"

　다니엘의 뒤에서 한 남자가 나타났다. 다니엘보다 조금 더 짙은 금발의 청년으로 꽤 다부진 인상의 소유자였다.

"형님! 언제 오셨어요?"

다니엘의 얼굴에 반가움이 번졌다. 청년이 다니엘의 머리카락을 헝클어뜨리며 기분 좋은 미소를 보였다.

"방금 그 아가씨는 누구야?"

"몰라요. 공주의 친구라는데 상당히 기분 나쁜 여자예요."

"친구? 공주한테? 어느 가문 아가씬데?"

"아무것도 몰라요."

"흐음."

청년은 테리와 함께 있는 이국적인 아가씨의 모습을 보며 흥미로운 표정을 지었다.

"어쩌면 말이다, 데니."

때맞춰 터지는 폭죽소리가 다니엘과 형이 나누는 은밀한 대화를 감추어 주었다.

3장

테리가 스테판과 이야기를 나누는 동안 아인은 분수대에 앉아 쉬고 있었다. 차가운 물 기운이 더위를 조금이나마 식혀 주는 것 같았다.

"하아! 그래도 여기는 조금 낫구나."

아인은 작게 숨을 내뱉고 주위를 살펴본 후 신발을 벗어 치마 속에 감추었다. 스타킹을 신은 탓에 바닥의 차가운 기운이 온전히 느껴지진 않았지만 그래도 신발을 신고 있는 것보다 훨씬 나

앉다. 그러고 보면 귀부인들은 참 대단했다. 열기가 가라앉지 않은 무더운 여름밤에도 치렁치렁한 드레스를 겹쳐 입고 춤을 추고 정원을 걷는 모습을 보며 아인은 감탄하지 않을 수 없었다.

'안 더운가? 난 가만히 있어도 더운데.'

발가락을 꼼지락댔다. 시원한 물줄기를 뿜어 대는 분수에 발을 담그고 싶다는 생각을 떨쳐 버리기 힘들 정도였다.

"흠흠!"

주변을 살피고 손을 담가 보았다. 차가운 기운이 손을 타고 올라온다.

"하아, 시원하다!"

"정말 시원해 보이는군요."

긴장을 풀고 있던 아인은 갑자기 나타난 사람에 놀라 두 손을 들어 만세 자세를 취해 버렸다.

첨벙!

그 탓에 물에 담그지 않은 다른 손에 들고 있던 부채가 분수 속으로 들어가고 말았다.

"이런! 놀라게 했나 보네요."

아인은 자신을 놀라게 한 사람을 매서운 눈초리로 쏘아보았다. 남자는 멋쩍게 웃으며 얼굴 가득 미안한 표정을 지었다. 그 바람에 화가 좀 누그러져 버렸다. 아인이 분수 안에서 동동 떠다니는 부채를 보며 난감해 하자 누군가 불쑥 물속으로 들어갔다.

그는 자신의 허벅지 부근까지 올라오는 물을 거침없이 헤치고 나가 젖은 부채를 들어 올려 몇 번 물기를 털어내고는 아인에게 불쑥 내밀었다.

"자!"

못되게 굴던 다니엘이었다.

"이런, 이런. 이거 못쓰겠는데. 제가 실수했으니 좋은 것으로 하나 구해 드리지요."

옆의 남자가 사람 좋은 웃음을 보이며 젖은 부채를 치우려 할 때 아인이 다니엘의 손에 있는 부채를 빠르게 가로챘다.

"아니요. 괜찮습니다."

"하지만……."

어쩐지 그 자리에 더 있기가 거북했다. 다니엘도 그렇고 이 남자도 그렇고 왠지 불편했다.

아인은 정중히 거절한 뒤 그 자리를 떠났다. 그 순간 발바닥의 감촉이 남달랐다.

"앗!"

순간 실수했다는 생각이 들었다. 뒤를 돌아보니 아니나 다를까 두 남자가 아인이 벗어 놓은 신발을 보고 애써 웃음을 참고 있었다. 아인은 황급히 달려가 신발을 주워들었다.

"참 명랑하신 분이군요."

"실례!"

새빨개진 얼굴을 보이지 않으려고 고개를 숙인 채로 아인은 총총 그 자리를 떠났다.

3장

"큭큭! 꽤 귀여운 구석이 있는데……."
"어디가?"
아인을 보며 형이 유쾌하게 웃는 것이 어딘지 마음에 들지 않는 다니엘이었다.

4장
사랑의 덫에
걸린 황녀

Maria
Theresia

"아하하하!"

"웃을 일이 아니야, 테리."

어젯밤 있었던 일을 들은 테리가 유쾌한 웃음소리를 냈다. 소녀들의 재잘거림이 방 밖으로 퍼져 그 앞을 지나는 사람들까지도 기분 좋게 만들었다.

"이건 이제 못 쓰겠다."

테리는 모양이 흐트러진 부채를 살피며 탁자 위에 올려놓았다.

"그렇지만 의외인걸? 그 다니엘이 망설임 없이 물속으로 들어가 이걸 건져 오다니 말이야."

"나도 깜짝 놀랐어."

부채를 보니 어제 자신에게 젖은 부채를 내밀던 다니엘의 얼굴이 떠올랐다. 어딘지 영국에서 만난 데니의 모습과 겹쳐 보여서 심장이 굉장히 두근거렸다는 것을 아인은 테리에게 이야기하지 않았다. 그래서 순간 그의 손에 있는 부채를 집어 온 건지도 모른다.

"널 놀라게 한 사람은 누굴까?"

테리의 질문에 회상에서 깨어난 아인이 고개를 저었다.

"글쎄? 전혀 모르겠어. 처음 보는 얼굴이었는데 다니엘과 친해 보이더라."

"흠! 누구지?"

테리와 아인의 궁금증은 금방 해결되었다. 그날 점심 식사 후 황제의 부름을 받고 알현실을 찾았을 때 그의 모습을 볼 수 있었기 때문이었다. 아인은 작은 소리로 테리의 귀에 대고 그가 지난

번 사건의 주인공임을 말했다. 테리는 알겠다는 듯 고개를 두어 번 끄덕이고 미하엘의 인사를 받았다.

"미하엘 하이케 폰 키르히아이젠, 공주님께 인사드립니다."

사건의 주인공이 테리의 앞에 경의를 표하며 무릎을 꿇었다.

"키르히아이젠 백작의 장남 미하엘이란다. 오늘부터 왕실 친위대로 근무할게야."

"반가워요. 잘 부탁해요."

테리가 아버지의 이야기를 듣고 자신의 앞에 무릎을 꿇은 남자에게 손을 뻗자 미하엘이 그녀의 손등에 가볍게 키스를 하며 존경을 표했다. 웃음으로 그의 태도에 답했지만 정원으로 산책을 나온 테리의 표정은 그다지 좋아 보이지 않았다.

"왜 그래, 테리?"

"저 인물 때문에……."

테리가 아인의 귀에 대고 속삭였다.

두 사람 뒤로 항상 테리의 뒤를 따르던 친위대 한 사람과 미하엘이 보였다.

"저 사람, 사실은 내 결혼 상대 후보 중 하나야."

"에? 정말?"

아인이 자신도 모르게 그를 보았다. 눈이 마주친 미하엘이 가볍게 목례를 해 왔다. 그 바람에 아인도 어색한 미소를 지으며 답을 해 주었다.

"하지만 아인. 너도 알다시피 내게는 프란츠 스테판님뿐이야.

근데 저 사람은 지치지도 않고 계속 내게 들이댄단 말이지. 게다가 내일이면 스테판님이 로렌으로 돌아가시잖아!"

"드, 드……."

아인은 '들이댄다'란 황녀의 표현에 땀을 삐질 흘렸다.

스테판과의 헤어짐이 아쉬운 테리는 땅이 꺼져라 한숨을 내쉬고는 성큼성큼 커다란 나무들이 줄을 이어 서 있는 정원 깊숙이 들어가 버렸다.

친위대는 왕족의 경호를 맡는 일을 담당하며 항상 근처에 머무른다. 때문에 미하엘은 의도적으로 궁으로 들어갔다.

'오늘 황녀를 만났겠지?'

다니엘은 호프부르크의 상징인 푸른 돔을 바라보며 형에 대해 생각했다.

미하엘은 합스부르크의 유일한 직계 혈통인 테리와 결혼해 왕위를 이어받고 싶어 했다. 그렇게 되면 자연히 몰락한 가문은 옛날의 영광을 다시 누릴 수 있었다. 다니엘도 그런 형의 바람과 가문을 위해 있는 힘껏 도울 생각이었다. 그래서 재력이 있는 하이든 가의 딸과도 애써 친하게 지내고 있었다. 그녀는 분명 자신을 좋아하는 것 같았다.

요안나는 다니엘보다 두 살 많지만 그건 결혼하는 데 크게 문제가 되는 것도 아니고 하이든 가도 명문가인 키르히아이젠 가와 사돈 맺기를 바라고 있으니 요안나와 맺어질 것은 분명했다. 다니엘도 크게 불만은 없었다. 하지만…….

'그 아이도 봤을까?'

달빛이 어슴푸레 비치는 창 아래에서 다니엘은, 자신을 보면 삐죽거리는 빛나는 검은 머리카락의 이국적인 소녀를 떠올렸다. 가슴이 두근두근 빠르게 울렸다. 알 수 없는 자신의 반응에 스스로도 당혹스러웠다.

"왜 이러지?"

다니엘은 밤이 깊도록 답을 찾지 못했다.

4장

"건강하시길, 신의 은총과 함께!"

스테판의 인사에 테리는 애써 웃어 보였다.

"편지하겠습니다. 받아 주시겠습니까?"

"네!"

황녀의 얼굴이 기쁨으로 가득 차 붉게 물들었다. 사랑하는 사람을 태운 마차가 보이지 않을 때까지 테리는 그 자리에 서 있었다. 스테판이 떠나 있는 동안 미하엘은 테리의 마음을 자신에게 돌리려고 무척 애를 썼지만 테리는 꼼짝도 하지 않았다. 가끔 연회에 요안나와 함께 참석한 다니엘이 회장에서 아인을 눈으로 좇았다. 그러나 아인은 전혀 눈치 채지 못하고 부딪칠 때마다 그의 성격을 건드려 신경전을 팽팽하게 이어갔다. 그렇게 특별한 사건 없이 평온한 일상이 반복되면서 두 소녀는 어느새 숙녀로 자라있었다.

"들으셨어요? 파리넬리가 다음 주에 빈에서 공연한다는 소식?"
"정말?!"

테리는 머리를 빗겨 주던 시녀의 말에 반색을 하며 그녀를 돌아보았다.

"네. 어제 극장에서 일하는 친척에게서 편지를 받았는데 그렇게 적혀 있더라고요."

"얼른 채비해 줘. 궁으로 초대할 수 있는지 알아봐야겠어."

파리넬리는 이탈리아의 유명한 가수였다. 순수하고 강한 목소리로 사람들을 사로잡았는데 그의 공연이 있을 때마다 공연장은 사람들로 넘쳐날 정도로 인기가 대단했다. 공연장에선 종종 그의 노래를 듣다가 혼절하는 아가씨들도 있다는 소문이 파다했다. 몇 년 전부터 그런 소식을 전해 들을 때마다 아인과 테리는 파리넬리에 대한 막연한 동경이 생겨 어느새 그에 대한 환상이 크게 자리 잡았다.

"에? 어째서 안 돼?!"

테리는 노이호프 부인에게 강하게 반박했다.

"그가 빈에 머무르며 공연하는 동안 아쉽게도 공주님께서는 다른 일정이 있으십니다. 그 후에는 바덴으로 떠나셔야 합니다."

노이호프 부인의 단호한 어조에 테리는 더 이상 아무 말도 하지 않았다.

"말도 안 돼! 어떻게 이럴 수가 있어? 난 그의 공연을 보고 싶어!"

기대가 컸던 만큼 황녀의 실망도 대단히 컸다.

"한동안 스테판님도 만나지 못해 파리넬리의 오페라라도 보면서 울적한 마음을 달래고 싶었는데."

테리는 아이를 붙잡고 아쉬운 마음을 털어 놓았다.

"나도 보고 싶은데. 정말 아쉬워."

파리넬리의 팬인 숙녀들의 기분과는 상관없이 얼마 지나지 않아 그가 빈에 도착했다는 이야기를 들었다. 그리고 그의 공연은 금방 화제가 되어 궁 안을 맴돌았다.

"안 되겠어. 역시 보고 싶어! 그가 무대에 서 있는 모습."

테리가 아이의 방을 서성이며 의욕을 드러냈다.

"공연은 내일 저녁이 마지막이야. 이번에 그를 보내면 언제 볼 수 있을지 모른다구! 그까짓 공무 따위!"

"어쩌려고?"

"내게 다 생각이 있어."

공주의 두 눈이 밝게 빛났다.

다음 날 오후 아인은 테리의 뒤를 따라 사람들의 눈에 띄지 않게 조심하면서 열심히 달렸다. 테리의 작전은 오전부터 시작되었는데, 뜨거운 물에 적신 수건을 이마에 올려 열이 나는 척하고 몸이 아프다며 노이호프 부인을 속였다. 의사의 진찰을 거부하고 쉬겠다 말한 뒤 사람들을 모두 물리고 주위가 조용해질 때를 기다려 탈출을 감행했다. 물론 협조자의 도움도 있었다.

"공주님, 이쪽입니다."

성과 조금 떨어진 곳 나무 밑에서 미하엘이 마차를 세워 두고 기다리는 것이 보였다. 두 사람이 마차에 오르자 미하엘은 빠르게 말을 몰아 궁을 나섰다. 점점 멀어지는 호프부르크의 푸른 돔을 확인하면서 테리가 환호성을 질렀다.

"꺄아! 성공!"

아인과 손을 마주치며 좋아하는 모습은 그저 평범한 아가씨 같았다.

극장 안은 파리넬리를 보러 온 귀족들로 가득했다. 그중 일부는 신분을 숨기기 위해 가면을 썼는데 아인과 테리 역시 깃이 달린 가면으로 얼굴의 절반 이상을 가렸다.

미하엘은 두 사람을 무대가 가장 잘 보이는 2층 테라스로 안내했다. 그곳은 하이든 가에서 미리 예약해 둔 귀빈실이었다. 테리의 등장에 하이든과 다니엘이 예를 표하고 뒤로 물러섰다.

공연 시작 전 아인은 테리와 곧 보게 될 파리넬리를 기대하며 조곤조곤 수다를 떨다가 이상한 시선을 느끼고 뒤를 돌아보았다. 물러앉아 있던 다니엘이 당황하며 요안나에게로 고개를 돌렸다.

'응?'

고개를 갸웃거리다 다시 무대 쪽을 바라보는 아인이었다.

붉은 커튼을 그려 넣은 무대의 가림막이 위로 오르자 무대 한가운데 호리호리한 몸매의 아름다운 남자가 두 눈을 지그시 감고 무대를 향해 홀로 서 있었다. 그가 천천히 고개를 들며 눈을 뜬 순간 객석에서 커다란 함성이 일었다.

선이 고운 남자가 자신이 부를 곡과 어울리는 분장을 하고 음악이 시작되길 기다렸다. 곧 이어 바이올린과 피아노의 선율에 따라 그의 노래가 극장 가득 울려 퍼졌다. 저음과 고음을 넘나드는 화려한 울림. 극장을 메운 사람들은 모두들 그의 목소리에 빠져들었고 그의 노래를 들으며 눈물을 흘리거나 혼절하는 사람도 나타났다. 한 곡이 끝날 때마다 사람들은 열화와 같은 성원을 보내고 준비해 온 꽃다발을 무대로 던져 자신의 마음을 표현했다. 아인과 테리 역시 정원에서 멋대로 꺾어 온 꽃에 환희를 담아 그에게 던졌다.

"정말 굉장해!"

연신 박수를 치며 흥분한 목소리로 '브라보'를 외치던 테리가 갑자기 굳어 버렸다. 그녀의 눈동자는 반대편 1층에 고정된 채 크게 뜨여있었다.

"테리?"

황녀는 작은 망원경으로 반대쪽을 보더니 황급히 뛰어 나갔다.

"테리?!"

아인은 재빨리 황녀의 뒤를 따랐다.

"무슨 일이야? 테리?"

1층에서 목석처럼 서 있는 테리에게 아인이 다가서 물었다. 어느새 가면을 벗어 손에 들고 있는 황녀의 창백해진 얼굴을 보고 아인은 무슨 문제가 생겼다는 것을 직감했다. 아인이 손을 잡자 테리는 아인에게로 시선을 돌렸다. 푸른 눈동자가 파리하게 떨리고 있었다.

"그, 그분이, 스테판님이."

"스테판님은 자신의 영지인 로렌에 계시잖아?"

테리는 고개를 저었다. 그리고 용기를 내어 좀 더 안쪽으로 걸음을 옮겼다. 아인도 그 뒤를 따라 움직였다.

안쪽엔 작은 방이 하나 있었는데 열린 문 사이로 쉽게 안을 볼 수 있었다. 순간 아인은 자신의 눈을 의심했다. 낯익은 회색머리의 미남자가 붉은 소파에 누워 성숙한 여인의 키스를 받고 있었기 때문이었다. 놀라 테리를 보자 그녀의 커다란 눈에서 방울방울 눈물이 쏟아져 내리고 있었다. 파리넬리의 노래가 끝났는지 커다란 함성이 떠나갈 듯 극장 안을 울렸다. 그러나 방 안의 두 사람에게는 그 커다란 소리도 들리지 않는 것 같았다.

테리가 뒤로 한발씩 물러서다 이내 몸을 돌려 그곳에서 달음질쳤다. 하지만 얼마 가지 못하고 다른 사람과 부딪히고 말았다.

"공주님?"

미하엘이었다. 사람들이 공연장에서 나오기 시작하자 공주의 얼굴을 확인한 미하엘은 급하게 자신의 외투를 벗어 그녀를 감쌌다. 어딘지 만족한 듯 순간적인 미소가 미하엘의 얼굴 가득 번지는 것을 뒤따르던 아인은 목격했다.

궁으로 돌아오는 마차 안에서 테리는 한마디도 하지 않고 묵묵히 창밖만을 응시할 뿐이었다.

"오늘은 여러 가지로 고마웠어요."

궁에 도착한 후 마차에서 내리는 것을 에스코트해 주는 미하엘에게 테리가 감사의 인사를 전했다.

"아닙니다. 황녀님께서 기쁘게 공연을 즐기시길 바랐는데……."

미하엘은 잠시 말을 멈추었다가 아무 일도 없었던 것처럼 부드러운 미소를 지으며 이어 말했다.

"저는 언제나 황녀님 곁에 있겠습니다. 힘들고 어려운 일이 있을 때 제가 있음을 기억해 주시면 영광이겠습니다."

테리의 손등에 키스하고 미하엘이 물러갔다. 아인은 휘청거리며 걸음을 옮기는 테리를 부축해 그녀의 방으로 향했다.

다음 날 테리는 열이 올라 심하게 앓았다. 다행히 지난 밤 궁 밖으로 나간 것은 들키지 않았다.

해질 무렵이 되어서야 황녀와 만나는 것이 허락돼 아인은 그녀가 좋아하는 당나귀 젖을 건네며 침대 가장자리에 걸터앉았다.

"기분은 좀 어때?"

"괜찮아."

테리가 조심스레 받아 조금 마시고는 아인의 어깨에 머리를 기댔다. 창밖으로 붉게 물드는 노을을 그저 말없이 바라보았다.

"잘못 본 걸 거야."

"그럴까?"

"그래, 분명히! 스테판님은 지금 로렌의 성에서 사냥도 하시고 공부도 하시고 너를 만날 날을 기대하면서 하루하루를 보내고 있을걸? 사랑하는 사람은 믿어줘야지, 안 그래?"

아인이 무거운 기분을 걷어차고 기운차게 말하자 테리도 기운이 나는지 밝게 웃었다.

"그래! 그래야지. 편지를 써야겠어. 분명 로렌에 있다는 답장이 올 거야."

한결 좋아진 친구에게 펜과 종이를 건네주고 방을 나섰다. 애정을 담아 편지를 쓰는 친구를 방해하지 않기 위해서였다.

다음 날 우편담당 시종에게 테리의 편지를 스테판님께 빠르게 전달할 것을 부탁한 아인은 돌아오는 길에 다니엘 형제를 만났다.

"레이디! 황녀님은 좀 어떠신지요?"

걱정이 가득한 낯빛으로 미하엘이 테리의 안부를 묻고 다니엘은 고개를 숙이는 것으로 아인에게 인사를 했다.

"걱정해 주신 덕분에 편안하게 지내고 계십니다."

그때 마침 근처를 지나던 노이호프 부인이 미하엘을 불러 아인과 다니엘은 오랜만에 둘만 있게 되었다.

"그럼 이만!"

자리가 편치 않아 피하려는 아인에게 다니엘은 갑작스런 질문을 던졌다.

"극장에서 황녀에게 무슨 일이 있었지? 로렌 공을 보았나?"

"에?"

로렌 공은 스테판의 작위였다.

"무슨 말이야? 그걸 어떻게……?"

하지만 노이호프 부인과 미하엘이 다가와 대답을 듣지는 못했다. 곧 두 사람은 업무를 보기 위해 자리를 떠났고, 아인은 노이호프 부인으로부터 다니엘이 친위대의 한 사람으로 근무할 것이며 바덴으로 떠날 때 함께할 것이라는 이야기를 들었다.

 테리의 갑작스런 발열로 연기되었던 바덴행이 다시 준비되었다. 그러나 일정이 빠르게 진행되어 로렌에서 답장이 오기도 전에 일행은 빈을 떠나야 했다.
 바덴은 온천으로 유명한 지역이라 왕족의 겨울 여행지 중 하나였다. 이번엔 거기서 한겨울을 날 예정이었다.
 스테판의 편지를 받지 못한 채 떠나게 된 테리는 왕궁을 출발해 빈의 시가지를 지나는 내내 창밖을 바라볼 뿐 아무 말도 하지 않았다. 표현은 안 했지만 매우 불안한 모양이었다.

 옆자리에 앉은 아인은 다니엘이 한 말이 계속 떠올라 마음이 편하지 않았다. 창밖을 보며 생각에 잠겨 있는데 친위대 복장을 한 다니엘이 마차를 앞질러 가는 것이 보였다.
 얼마 지나지 않아 시내에서 일어난 작은 소란으로 일행이 멈추어 서 있는 동안, 얌전히 앉아만 있던 테리가 벌떡 일어나 아인은 깜짝 놀라고 말았다.
 "스테판!"
 그녀가 마차의 문을 열고 밖으로 나가 버려 같이 있던 아인과 노이호프 부인은 당황해 그 뒤를 쫓았다. 그리고 두 사람은 극장에서 함께 있던 여자와 말을 타고 사라지는 스테판의 얼굴을 또렷이 보았다. 그 바람에 극장에서의 테리가 생각나 아인은 그녀의 곁으로 다가섰다. 그렇지만 황녀는 이번엔 눈물을 보이지 않았다. 오히려 차가운 표정으로 마차로 돌아가서는 바덴으로 가는 내내 조개처럼 입을 꽉 다물어 버렸다.

 바덴으로 온 테리는 그 전과 똑같이 웃고 떠들며 평범한 일상을 보냈다. 하지만 아인은 어쩐지 폭풍전야의 평온함 같아서 가슴이 조마조마했다. 거기에 한 가지 걱정스러운 점이 더 있었다. 좋아하지 않는다는 미하엘과 어느새 다정히 이야기하고 소풍이나 작은 연회에서도 항상 그와 함께하는데다 늘 떠들고 다니던 스테판에 관한 이야기는 단 한마디도 하지 않아 아인을 불안하게 만들었다.

 "괜찮아? 미하엘을 그렇게나 싫어했으면서?"

 "음, 여전히 좋지는 않지만 노력해 보려고."

 자신과는 달리 무덤덤한 테리의 반응에 아인은 자신의 귀를 의심했다.

 "에? 정말?"

 "내 마음을 얻으려고 기를 쓰는 사람도 많은데 내 마음 한 자락 얻었다고 멋대로 구는 건 용납할 수 없어."

 "그렇지만……."

 테리는 따뜻하게 덥혀진 침대로 쏙 들어가 자야겠다며 무언가 더 말을 하려는 아인을 내쫓았다.

 테리가 무슨 생각을 하는지 알 수 없는 아인은 답답한 마음에 눈이 소복이 쌓인 정원으로 발걸음을 옮겼다. 쌀쌀한 겨울바람이 아인을 스쳐 지나갔다. 차가운 공기가 어쩐지 기분 좋게 느껴질 때쯤 사람의 말소리가 들려왔다.

4장

'이 시간에 누구지?'

두런두런 들리는 소리를 따라 모퉁이 뒤쪽으로 슬며시 고개를 들이밀어 보았다.

'다니엘과 미하엘?'

신원을 확인한 아인은 대수롭지 않게 생각하고 다시 돌아가려고 했다. 하지만 순간 들리는 익숙한 이름이 그녀를 잡았다.

"성공하겠어? 그런 식으로 로렌 공을 내모는 것이?"

'무슨 말이지? 내몰다니?'

"데니! 너도 봤잖아, 공주의 태도를. 이미 절반은……."

그때 갑자기 나오는 재채기를 막지 못한 아인이 크게 소리를 냈고 두 사람의 대화는 끊어져 버렸다. 그리고 자신에게 빠르게 다가오는 소리에 아인은 부랴부랴 몸을 숨기려 했지만 숨을 곳은 어디에도 없었다.

"레이디 아인! 여기서 무엇을?"

"잠이 오지 않아 바람을 좀 쐬러 나왔다가요. 근데 두 분은 어쩐 일로?"

난감해 보이는 얼굴을 한 미하엘의 질문에 아인은 침착하게 답을 피하고 아무것도 모르는 듯한 표정을 지어 보였다.

"그저 형제간의 이야기를 나누고 있었을 뿐이지요. 레이디께선 오랜 시간 밖에 계셨나 봅니다."

"아니요. 바람이 너무 서늘해서 그런지 잠시 있었을 뿐인데도 몸이 금방 차가워졌네요. 이만 들어가 봐야겠어요."

"그러시죠. 다니엘, 아인님을 방까지 모셔다 드리도록 해."

괜찮다는 아인에게 미하엘은 끝까지 다니엘을 붙여 주어 결국 방까지 함께 가게 되었다.

두 명의 발자국 소리만 가득한 복도. 아인과 다니엘은 서로 아무런 말없이 그저 앞만 응시했다. 하지만 아인의 가슴은 금방이라도 터질 것처럼 날뛰었다. 영국에서 만난 다니엘과 분명 다른 성격의 다른 사람임에도 불구하고 너무나 닮았기 때문이었다.

"엣취~!"

싸늘한 공기에 한기가 들었던 것도 잠시, 묵직하고 따뜻한 것이 아인의 몸을 감쌌다. 다니엘의 외투였다. 재채기가 채 끝나기도 전에 덮어준 걸로 보아 아마 둘이 아인의 방으로 향한 순간 벗을 준비를 한 듯했다.

"고마워요."

아인의 인사에 다니엘은 아무 말도 하지 않았다. 그리고 방 앞에 도착했을 때 느닷없이 질문이 날아왔다.

"들었나?"

"무엇을요?"

다니엘은 아인의 당당한 대답에 그녀의 얼굴을 뚫어져라 보고는 몸을 돌려 되돌아갔다.

난로의 불이 타닥타닥 소리 내 타오르는 것을 바라보며 아인은 아까 들었던 말을 곱씹어 보았다.

…로렌 공을 내모는 것…

…봤잖아, 공주의 태도를…

불 앞에 섰는데도 갑자기 한기가 들었다. 외투를 꼭 여며 체온을 유지하려다 자신이 지금 걸치고 있는 옷이 다니엘의 외투인 것을 깨달았다. 아까 돌려주지 않았던 것이다.

'이런! 지금 돌려주지 않아도 되겠지? 외투가 하나만 있는 것도 아닐 테고……'

다니엘의 외투로 한기가 드는 몸을 한껏 감쌌을 때 부스럭거리는 소리가 났다. 바깥쪽 주머니에서 무언가 적혀 있는 종이를 발견했다. 빈에 있는 누군가의 주소 같았다. 아인은 종이를 다시 원래 있던 주머니에 넣어 두었다.

창밖으로 소리 없이 다시 눈이 날리기 시작했다. 별도 보이지 않는 깜깜한 밤이 깊어만 가고 있었다.

"어제는 고마웠어요."

아인이 자신에게 내미는 외투를 서둘러 받으며 다니엘은 괜찮다고 대꾸했다.

짧은 인사를 남기고 방으로 돌아가던 아인은 빈에서도 자주 보았던 우편배달을 하는 청년 톰과 마주쳐 안부를 물었다.

오후부터 다시 내리던 눈이 며칠간 계속 내리며 바덴의 겨울을 더욱 운치 있게 만들었다. 덕분에 아인과 테리는 바깥 구경도 못하고 궁 안에서만 머물러야 했다.

테리는 여전히 미하엘과 어울렸고 아인도 더 이상 테리의 태도를 문제 삼지 않았다.

"어머나, 세상에! 너무 아름다워."

아침 식사를 마친 테리가 산책을 나와 탄성을 질렀다.

밤새 내리던 눈이 그치고 세상을 하얗게 덮어 옅은 햇살에 반짝이고 있었기 때문이다.

기분 좋은 얼굴로 산책하던 테리의 표정이 갑자기 나빠진 것은, 한 남자가 두 숙녀 앞에 나타났을 때였다.

"오랜만에 뵙습니다, 공주님."

비단 같은 고급스런 원단으로 만든 옷이 아닌 평민 의상을 입은 스테판이었다. 공주는 인상을 잔뜩 구기고 모르는 사람을 대하는 것보다 더 쌀쌀맞은 태도로 그를 지나쳐 궁 안으로 들어가 버렸다.

아인은 공주를 따라가지 못했다. 홀로 남은 스테판이 너무나 달라진 테리의 태도에 놀라 고드름처럼 얼어 버렸기 때문이었다.

"제가 보낸 서신을 받고 오신 건가요?"

"아, 예."

"들어오면서 누구와 마주치지는 않았는지요?"

"편지에 적힌 대로 뒷문으로 제 마차가 아닌 빌린 마차로 왔습니다. 제가 들어오는 걸 아무도 못 봤으리라 생각합니다. 헌데 어째서 그런 부탁을 하셨는지 모르겠습니다."

"차차 알려 드릴 것입니다."

4장

아인은 주변을 살피고 그와 함께 행궁 안으로 조심히 숨어 들어 갔다.

다니엘의 외투에서 주소를 발견한 다음 날, 그녀는 그곳으로 한 통의 편지를 써 보냈었다. 우편담당 시종인 톰에게 만일 그곳에 로렌 공이 없다면 조용히 그냥 돌아오라고 했었는데 편지 대신 스테판이 온 것이다. 그렇다면 그곳에 그가 있었단 말이 된다. 그리고 먼저 돌아온 톰으로부터 그 주소가 얼마 전 남편이 세상을 떠 홀로 남은 젊은 한스텔 백작부인의 저택이었다고 전해 들었다.

"혹시 테리가 왜 저러는지 아시나요?"

"아니요. 전혀 모르겠습니다."

그는 정말 자신의 잘못을 모르는 듯 난감해 하며 고개를 가로저 었다.

"파리넬리의 빈 공연을 보기 위해 테리와 저는 몰래 궁을 빠져 나갔었습니다. 그리고 그곳에서 당신을 보았어요. 미모의 여성과 함께 은밀한 곳에서 다정히 있는 것을……."

"아, 그것은! 한스텔 백작부인은 제 오랜 친구입니다. 그리고 그날은……."

스테판은 한스텔 부인으로부터 파리넬리의 공연 초대를 받고 테리와 함께 가기를 원했지만 공무중이라 나올 수 없다는 전갈을 받았다고 했다.

스테판은 섭섭한 마음이 들었지만 친구의 초대고 또 공연을 보고 테리에게 파리넬리가 어떤 사람인지 이야기해 주면 좋겠다는

4장

생각으로 초대에 응했다. 그런데 그만 독한 술이 든 홍차를 잘못 마셔 정신을 잃었다고 했다.

그 뒤로 깨어 보니 백작부인의 집이었고 오랜만에 만난 반가운 친구의 집에서 며칠 머무르다 테리를 만나기 위해 궁으로 갔지만 이미 바덴으로 떠난 후였단다. 바로 테리를 따라오려 했으나 남편을 잃은 친구가 안쓰러워 얼마간 더 머무르다 아인의 편지를 받고 급하게 마차를 몰아 왔다고 했다. 그의 얼굴은 거짓말을 하는 것처럼 보이지 않았다.

"이상하네요. 물론 파리넬리의 공연 날 테리에게는 업무가 있었어요. 하지만 스테판님의 편지는 받지 못했습니다."

"그럴 리가! 전 분명 공주님의 친위대 한 사람에게 편지를 넘겼고 또 답문을 받았습니다. 필체도 정확히 공주님의 것이었죠."

"친위대의 한 사람? 설마 미하엘 폰 키르히아이젠에게 편지를 보냈나요?"

"아, 맞아요."

아인은 순간적으로 미하엘과 다니엘이 주고받은 대화와 테리가 파리넬리의 공연을 볼 수 있도록 주도한 사람이 미하엘이라는 사실이 동시에 떠올랐다. 그의 손에서 완벽한 시나리오가 써진 것이다.

그 때 미하엘은 국왕 카를 6세의 알현실에서 국왕과 이야기를 나누고 있었다.

"주변에서 자네에 대한 이야기를 많이 하더군. 능력이 좋아 친위대의 한 사람으로 남겨 두기 아깝지 않느냐는 것들이었어. 내 생각도 그러하네. 해서 자네를 친위대 부대장의 지위로 승격시킬 생각이네만, 자네 뜻은 어떠한가?"

"영광입니다."

미하엘은 깍듯이 절하며 국왕에게 충성과 예를 다했다. 화통한 성격의 국왕은 믿음직하고 열심힌 이 청년이 참으로 마음에 들었다. 그래서 딸의 곁에 둔 것인지도 몰랐다.

"요즘 테리는 어떻게 지내나? 한동안 무슨 고민이라도 있어 보이던데? 어쩐 일인지 내게 통 말을 하지 않는단 말이야."

국왕은 잠시 말을 멈추었다가 미하엘에게 다시 물었.

"무슨 일이 있었는지 혹시 아나? 곁에서 항상 지키는데다 요즘은 둘이 잘 지내는 것 같아서 묻는 것이네만."

"그 점은 제가 대답을 드리기 곤란합니다."

미하엘이 난감한 얼굴로 대답을 하자 카를 6세의 눈이 빛났다.

"무언가 알고 있는 거로군. 어서 말해 보게, 명령이네. 비밀은 보장해 주지."

미하엘은 잠시 고개를 숙이고 아무 말도 않다가 서서히 입을 열었다.

테리는 방에서 성경에 몰두하려 노력했다. 그러나 어떤 것도 눈에 들어오지 않았다. 두 번의 노크 후 아인이 들어왔다.

"춥지 않아? 방이 좀 썰렁한 것 같은데……"

4장

"응, 괜찮아. 아까 낸 열 때문에……."

테리는 스테판에게 화가 많이 나 있었음에도 속으론 그가 찾아와 준 것이 기뻤다. 그의 얼굴을 본 순간은 같이 있던 여인이 떠올라 쌀쌀맞게 굴었지만 방으로 돌아와서는 후회되어 방 안을 서성거리기도 했다. 그 탓에 방 안이 쌀쌀한지 전혀 모르고 있었다.

'이야기라도 들어 볼 걸 그랬나?'

어쩌면 아인이 다시 스테판을 데리고 올지도 모른다는 생각에 아무것도 할 수가 없었다. 아니나 다를까 잠시 뒤 아인이 들어왔다. 그러나 기대와는 다르게 혼자였다. 테리는 실망감에 가슴이 울렁거렸다.

'아까 그렇게 화를 냈으니 바로 따라오기엔 무리가 있었을 거야. 아인이 스테판 이야기를 하면 못이기는 척 다시 만나야지. 그리고 이야기를 들어 보자.'

그 예상도 보기 좋게 빗나갔다. 아인은 스테판 이야기는 꺼내지도 않고 별로 할 이야기가 없는지 난로에 장작을 집어넣고 부지깽이로 잘 타도록 속을 뒤집고 있었다.

'정말 돌아갔나? 바보! 이미 스테판을 용서할 준비는 다 돼 있는데……. 너무 못되게 굴었나? 아니야. 그가 잘못했어!'

용서하고 싶은 마음과 불쾌한 심정이 싸우느라 테리의 머릿속은 바빴다. 거기다 자존심이 아인에게 스테판에 관한 이야기를 묻는 것을 허락하지 않았다.

"눈이 다시 내리네."

아인이 손을 털고 일어나 창밖을 보며 하는 말에 테리는 태연한 척 귀를 기울였다.

"큰 눈이 될 거 같아. 길도 군데군데 얼었다던데. 길도 미끄러운데 가시는 길은 괜찮으시려나?"

혼잣말을 하듯 창밖을 살피며 아인이 중얼거리자 테리가 조금 움찔했다.

"수행원들이 알아서 잘 모시겠지. 뭘 걱정해?"

"그렇겠지? 괜한 걱정일 거야. 아까 오시면서는 마차가 미끄러져서 큰일이 날 뻔 했다고 해서……."

"사고가 났었다고?"

그제야 성경에서 눈을 떼고는 놀란 토끼눈으로 아인을 보았다.

"응, 대단한 건 아니었다고 말씀하셨지만 이마에 멍도 보였고. 아! 그리고 보니 돌아가는 마차가 조금 불안정한 듯 덜컹거린 것도 같아."

"그런데 그냥 보냈단 말이야?!"

테리가 소리를 지르며 벌떡 일어났다. 그 바람에 의자가 뒤로 넘어갔지만 테리는 그대로 문을 향해 뛰쳐나갔다.

쾅!

"으악~!"

힘차게 열린 문 앞에는 손으로 이마를 짚은 금발의 미남자가 서 있었다.

"스테판!"

"마음이 좀 풀리셨습니까? 나의 공주님!"

간신히 말을 끝낸 스테판은 문으로 꽤나 세게 얻어맞았는지 그대로 쓰러져 버렸다.

"스테판!"

그날 밤 카를 6세의 얼굴은 분노로 벌겋게 달아올라 있었다.

"그 놈이 감히 내 딸을!"

와인 잔을 든 손이 부들부들 떨리는 것이 멀리 있어도 보일 정도로 그의 노여움은 극에 달했다.

그리고 국왕에게 스테판에 대한 이야기를 마친 후 방으로 돌아온 미하엘은 더 없이 기분 좋은 밤을 보냈다.

'함정에 빠진 스테판은 국왕의 미움을 사게 되고 얼마 지나지 않아 약혼은 파기되겠지. 그러면 내가 가장 유력한 후보자가 되는 거야. 게다가 요즘은 황녀도 나에게 마음을 열고 있어.

그리고 호프부르크 궁전으로 돌아가면 친위대 부대장으로 승진되는 임명식이 치러지고 작위를 얻는다! 마지막엔 그토록 바라는 가문의 부흥이 황녀와의 결혼으로 이루어질 테고.'

황제의 자리에 올라 오스트리아와 합스부르크 영지의 통치권을 손에 넣을지도 모른다는 생각에 미하엘은 더 없이 만족스러웠다.

"아하하하!"

미하엘의 승리에 찬 웃음소리가 눈 위로 퍼져갔다.

바덴의 행궁에 머무르며 겨울을 지내던 왕가는 눈이 녹기 시작하자 바로 본궁으로 이동했다. 이제 미하엘이 기대하던 날이 얼마 남지 않았다. 하지만 본궁인 호프부르크 궁에 도착한 지 열흘이 지나도 국왕으로부터의 전갈은 없었다.

'어찌된 일이지? 분명 바덴에서는 본궁에 도착하면 다음 날이라도 임명식을 거행할 것이라 말했는데.'

약속을 꼭 지키는 국왕의 성품을 아는 탓에 미하엘의 의심은 더욱 커졌다.

그리고 더욱 충격적인 사실이 미하엘을 기다렸다. 바로 황녀와 스테판의 결혼이 발표된 것이다.

'이게 대체 어떻게……?'

그 때 알현실에서 스테판에 관한 이야기를 들은 카를의 엄청난 분노를 미하엘은 분명히 느꼈다. 그런데 지금의 상황은 전혀 납득이 되지 않았다. 그는 결국 황제에게 알현을 신청했고 저녁 무렵에 알현이 받아들여져 그는 황제 앞에 섰다.

"내가 전에 했던 이야기가 궁금해 알현을 신청한 것 같은데, 유감스럽게도 그 이야기는 없던 것으로 해야겠네."

"그건 아무래도 상관없습니다. 어째서 황녀와 로렌 공의 결혼을 허락하신 겁니까?"

입술 끝이 파리하게 떨려 왔다.

"그 이유라면 자네가 잘 알고 있으리라 생각하는데. 나와 내 딸을 기망하지 않았나?"

4장

"예?"

"자네가 나에게 거짓을 고하고 내 딸에게 상처를 준 것이 우리 부녀를 기망한 것이 아니면 무엇이란 말인가?"

"그건 거짓이……."

"그래요, 거짓이 아니죠. 하지만 진실도 아니잖아요?"

뒤에서 낭랑한 황녀의 목소리가 들려와 몸을 돌린 미하엘은 순간 돌처럼 굳어 버리고 말았다. 테리가 스테판의 에스코트를 받으며 들어왔기 때문이다. 미하엘의 계획대로면 스테판은 아직 한스텔 백작 미망인과 함께 있어야 했다. 지금쯤이면 황녀로부터 결별의 편지를 받았어야 했다.

"왜 그렇게 놀란 얼굴을 하나요? 미하엘!"

황녀가 상큼하게 웃으며 그의 앞에 섰다.

"자신의 거짓이 발각되지 않으리라 자신했던 건 아니겠지요?"

테리는 자신의 직인이 찍힌 편지를 미하엘에게 건넸다. 그건 미하엘의 사주에 의해 테리의 필체로 위조돼 한스텔 백작부인 저택에 있던 스테판 앞으로 보내진 것이었다. 아니 보내져야 했다. 그런데 그것이 지금 황녀의 손에 들려 있었다. 순식간에 궁지로 몰린 미하엘은 위기를 모면하기 위해 애써야 했다.

"어째서 그런 일을 꾸몄나?"

실망이 잔뜩 밴 얼굴로 황제가 질문했다.

미하엘을 딸과 함께 이 나라를 지켜 나갈 인재로 보고 있었기 때문에 그가 자신에게 거짓을 말했다는 사실이 참으로 노여웠다.

"그만큼 황녀 테레지아님을 사랑하기 때문입니다. 로렌 공이 아닌 저를 봐 주길 원했기 때문입니다. 하지만, 황녀께서는 오로지 로렌 공만을 바라보았기에……."

미하엘은 더 이상 말을 잇지 못하고 입술을 깨물었다. 손에 들려 있던 편지가 참혹하게 구겨지고 있었다.

"아아! 정말이지 네가 아니었으면 어떻게 됐을까? 상상도 하기 싫어."

테리는 아인의 두 손을 꼭 잡고 감사 인사를 했다.

"너는 몰랐겠지만 냉정히 생각해 보니 수상한 게 좀 많았어."

"그래?"

아인은 세세한 사항까지는 말하지 않았지만 스테판이 그럴 분이 아닐 거라는 확신에 더욱 의심하게 되었다고 했다. 그 말에 테리가 조금 씁쓸한 표정을 지었다.

"내가 그분을 믿지 못한 것이 가장 큰 잘못이구나."

"그렇지만 스테판님의 말을 듣고 믿은 건 너야, 테리. 그 전 상황은 누구나 오해할 만해."

테리의 방 앞에서 문짝펀치를 맞아 스테판이 쓰러진 날, 테리는 깨어난 스테판의 사정을 들었고 그가 자신을 배신한 것이 아님을 확신했다.

저녁 식사 후 국왕의 부름을 받고 그의 방에 갔을 때 국왕은 크게 분노하여 스테판과의 약혼을 파기한다고 선언했다. 하지만 테리는 그간 있었던 이야기를 조리 있게 설명하며 모든 일이 미하엘의 계략임을 알렸다. 허나 황제는 쉽게 스테판에 대한 오해를 떨치지 않았다. 그동안 스테판의 화려한 외모와 지위로 인해 생긴 여러 여성과의 염문설이 황제의 귀에 간간히 들어갔기 때문이었다. 하지만 딸에 대한 걱정과 스테판의 인기를 생각하며 그럴 수도 있다고 생각했다. 그런데 이번에 또다시 여자와 좋지 않은 사건을 일으킨 것이다. 게다가 그 모습을 딸에게까지 보여 크게 상처를 입혔다고 생각하니 도저히 용서할 수 없었다.

아인과 테리, 스테판은 황제의 오해를 풀 증거를 찾기 위해 조용히 때를 기다렸으며, 한편으론 의심을 받지 않기 위해 스테판은 한스텔 부인의 저택으로 돌아갔다.

스테판은 며칠 지나지 않아 테리의 이름으로 된 한 통의 편지를 받았다. 자신의 오명을 씻어 줄 결정적인 증거였다. 그는 지체하지 않고 그것을 가지고 테리와 국왕 앞에 섰다.

"스테판님이 찾아왔을 때는 왜 내 말대로 바로 그분을 돌려보내지 않은 거야?"

"푸훗! 시종인 톰에게 이야기를 들었거든. 네가 매일 스테판님에게서 온 편지가 없는지 물었다고."

황녀의 얼굴이 귀엽게 달아올랐다.

"내일도 로렌 공과 만나기로 했지?"

"응. 하지만 그래 봐야 이 호프부르크 성에선 벗어날 수 없는걸."

"그래도 같이 있으면 좋잖아."

"그건 그래. 이제 앞으로는 그 사람을 믿지 않는 건 그만할 테야. 무슨 일이 있어도 그는 나를 배신하지 않아. 그렇지?"

"그럼~!"

이젠 숙녀가 된 두 사람의 행복한 대화를 들으며 친위대인 다니엘이 무뚝뚝한 표정으로 문 앞을 지키고 서 있었다.

1736년 2월 12일.

오스트리아는 떠들썩한 축제 분위기로 가득했다. 바로 온 국민의 사랑을 받는 황녀가 너무나도 아름다운 신부가 되기 때문이었다. 당시로는 매우 드문 왕족의 연애결혼이었다. 그날 황녀는 세상을 다 얻은 듯 행복해 보이고 눈부시도록 아름다웠다.

허나 단 한 사람, 그녀의 결혼을 축복하지 않는 이가 있었다. 그는 그녀의 결혼식이 시작되자 격분하여 들고 있던 와인 잔을 던져 버렸다.

그리고 얼마 지나지 않아 그와 그가 아끼던 말이 사라지고 더 이상 그 집과 궁, 아니 오스트리아에서 그를 본 사람은 없었다.

그는 바로 미하엘 폰 키르히아이젠이었다.

5장
반쪽짜리 여왕

Maria Theresia

"뭐, 뭐라고?"

테리는 아인과 함께 딸 마리아 안나와 마리아 카롤리나의 목욕을 돕고 있었다. 욕실을 가득 메우던 행복한 웃음이 순식간에 사라져 버렸다. 카를 6세가 위독하다는 전갈이 전해졌기 때문이었다. 테리는 아이를 아인에게 맡기고 서둘러 아버지의 침실로 향했다. 가슴이 쿵쿵 크게 요동쳐 불안함에 몸이 떨렸다. 이미 일년이 넘게 병석에 계신 상황이었다고는 해도 아버지의 죽음에 관한 두려움은 테리에겐 너무나 큰 것이었다.

한달음에 달려간 황제의 방. 아버지의 침대 옆에 남편인 스테판이 먼저 와 황제의 손을 꼭 쥐고 있는 것이 보였다.

"아버지."

그녀는 아버지의 야윈 뺨을 두 손으로 어루만졌다. 힘겹게 눈을 뜬 국왕은 딸에게 웃어 보였다.

"사랑하는 딸아! 이제 갈 때가 되었나 보구나. 이 나라를 잘 부탁한다. 너라면 더욱 훌륭하게 이끌어 갈 수 있으리라 믿는다."

테리의 눈에서 하염없이 커다란 눈물방울이 쏟아져 내렸다.

"너무 슬퍼 말아라. 난 이제 주님의 품으로 돌아가 편히 쉬는 것이니."

가늘게 이어지던 숨이 서서히 약해져 어느 순간 멈추었다. 그리고 황제의 서거를 알리는 종이 오스트리아 전역에 울려 퍼졌다. 테리가 결혼한 지 4년도 채 지나지 않은 1740년 10월 20일, 가을의 일이었다.

합스부르크의 유일한 상속녀는 아버지의 죽음을 애도할 충분한 시간조차 가질 수 없었다. 아버지의 유지대로 왕위를 물려받아야 했기 때문이었다.

우선 오스트리아와 남부 몇 개 지역을 상속하기로 결정한 테리는 아버지인 카를 6세가 생전에 준비하고 약속을 받아 둔 '1713 국사칙서' 즉 신성 로마제국의 영토를 친족들과 분할할 수 없다는 것과 합스부르크의 왕위계승권은 남녀를 불문하고 왕가의 혈육에게 물려줄 수 있다는 내용의 서신을 각 나라에 보냈다.

국사칙서는 테리가 태어나고 얼마 지나지 않은 순간부터 카를 6세가 치밀히 준비한 것이었다.

공주가 탄생한 후 이제 왕자가 태어나지 않을 것을 예감한 그는 과감히 전통을 깨 버렸다. 합스부르크 가문의 대를 잇기 위해서였다.

그는 국사칙서를 발표하여 국내 및 각국에 마리아 테레지아의 오스트리아·보헤미아·모라바·헝가리 등 합스부르크 왕가 세습령의 상속을 인정하게 했다. 또한 살리카법에 의하면 여성이 제왕의 자리에 오를 수 없었기 때문에 합스부르크의 왕이 겸하는 신성 로마제국 황제자리에는 사위인 프란츠 스테판 폰 로트링겐이 오르는 것으로 결정했다. 그의 뜻은 그가 죽은 후에도 반드시 지켜지리라 생각했다.

"반대?"
"그, 그것이……."

테리는 프랑스에서 온 서신을 빼앗아 자신의 눈으로 직접 확인했다. 국사칙서의 내용에 찬성하지 않는다는 반대의 뜻이 명확히 적혀 있었다. 프랑스뿐만이 아니었다. 오스트리아와 관계한 나라, 카를 6세 생전에 국사칙서에 찬성했던 나라 2/3 정도가 언제 그랬냐는 듯 테리로부터 등을 돌렸다. 테리의 계승권을 인정하는 것은 영국, 러시아, 네덜란드 세 나라뿐이었다. 나머지 국가는 모두 반대의 의견을 보내왔다. 한 술 더 떠서 프로이센과 작센, 바이에른의 제후들은 스테판에게 주어지기로 약속한 황제의 자리까지 그가 아닌 바이에른의 왕이자 테리의 사촌인 카를 알브레히트가 물려받아야 한다고 주장했다.

아인은 점점 불길한 예감이 들었다. 모든 상황이 테리에게 불리하게 돌아가 더욱 불안한 마음이 들었다. 그건 테리 역시 마찬가지였고 곧 그녀의 불안은 현실로 다가왔다.

"프로이센이 슐레지엔을 공격해 왔습니다. 그 수가 무려 8만이랍니다!"

"뭣이라?!"

믿을 수 없는 상황이었다. 테리는 황급히 국회를 소집하고 비상령을 내렸다. 대관식이 치러지기 전, 카를 6세가 서거한 지 불과 두 달밖에 지나지 않은 겨울에 발생한 사건이었다.

슐레지엔은 합스부르크 가의 상속자가 이어받을 영지의 하나인 보헤미아 영토로, 자원이 풍부하고 산업이 발달해 매우 부유한

도시였다.

그 도시를 프로이센의 왕 프리드리히 2세가 노린 것은 꽤 오래 전부터였다. 그러나 함부로 침략할 순 없는 일이었다. 프리드리히 2세는 오스트리아가 왕위계승 문제로 혼란스러운 틈을 타 빠르게 슐레지엔을 침략해 들어갔다. 그의 예상대로 슐레지엔은 쉽게 무너져 내렸다. 방어할 틈도 대책도 없었던 오스트리아 군은 순식간에 궤멸당하고 수도를 내주었다. 이 일로 테리는 자존심에 큰 상처를 입었다.

"이런 막돼먹은 작자를 봤나! 선전포고도 없이 침략을 해?"

머리끝까지 화가 오른 테리는 탁자가 부서져라 내리쳤다.

"날 얕잡아 보는 게 틀림없어."

선전포고는 다른 나라에게 전쟁을 공식적으로 선언한다는 의미였다. 선전포고를 안 했다고 해서 전쟁을 일으키는 게 불가능한 것은 아니었지만 당시 국가들은 대부분 선전포고 방식을 이행해 왔다. 정당한 이유 없이 전쟁에 호소하는 행위를 방지하기 위해서였다.

이처럼 선전포고 없는 프로이센의 슐레지엔 침공은 명백한 이유를 제시하지 않은 부당한 일임에 틀림이 없었다.

주먹을 꽉 쥔 손을 부들부들 떨면서도 냉정을 잃지 않으려 애쓰는 친구를 보며 아인은 어떻게 도우면 좋을지 생각해야 했다. 그러나 오스트리아 역사와 마리아 테레지아 여왕에 대한 지식이 거의 없는 상태였다.

"하하하! 어린 계집에게 그 넓은 땅을 고스란히 물려받게 할 수는 없지. 안 그런가?"

프로이센의 젊은 왕 프리드리히 2세는 크게 소리 내 웃으며 맞은편에 앉은 금발의 남자를 향해 와인이 든 잔을 들어 보였다.

남자 역시 잔을 들었다. 승리를 자축하며 두 남자는 붉은 빛깔의 와인을 단숨에 들이켰다.

"이번 슐레지엔 공격에는 자네의 도움이 컸어."

프리드리히는 직접 금발의 남자가 가진 잔에 와인을 따라 주며 그의 공적을 치하했다.

"하지만 이건 시작일 뿐이지요. 모든 대륙의 권력자들이 머지않아 마리아 테레지아의 상속재산을 침탈할 것은 자명하니……."

"그도 그렇군. 그녀의 왕위계승이 내게 영토 확장의 기회였던 것처럼 다른 권력자들에게도 기회일 테니 말이야. 이 광활한 토지를 놓고 다른 권력자들도 혈안이 돼 있겠군 그래. 고작 23세의 여성이 자신이 가진 것을 잘 지킬 수 있을지도 참으로 흥미진진한 일이야."

프리드리히는 즐거운 미소를 지으며 창밖으로 펼쳐진 대지를 바라보았다.

그 시각 테리는 늦은 밤에도 잠들지 못하고 깊은 시름에 싸여있었다. 전쟁을 치르기 위해서는 군인과 그들을 먹일 식량과 총, 대포 같은 군수물자가 필요했다. 그것을 구입하기 위해선 엄청난 금액이 요구된다. 하지만 오스트리아의 재정을 살펴보니 상태는 그다지 좋지 않았다.

　그녀의 가슴은 불길한 기운으로 타들어 갔다. 몇 백 년간 이어 온 왕조가 어쩌면 자신의 대에서 끊길지도 모른다는 두려움이 엄습했다. 용기와 패기를 가지고 아버지가 준비해 물려준 것들을 기쁘게 받아들였다. 자신도 있었다. 하지만 너무 교만했던 것일까? 마음가짐과는 다르게 현실은 너무도 혹독했다. 준비된 것은 아무것도 없었다. 더구나 이런 불안감을 누구와 나눌 수도 없었다. 그것은 그녀의 마음을 더욱 크게 짓눌렀다.

　똑똑!

　답답하고 불안한 마음을 혼자 억누르고 있을 때 아인이 문을 두드렸다. 그녀는 진하게 우린 따뜻한 홍차와 부드러운 쿠키를 가져왔다.

　"많이 피곤할 거 같아서 좀 쉬라고……."

　홍차를 따르자 그윽한 차향이 방 안에 퍼졌다. 아까와는 달리 테리의 마음이 조금씩 안정되어 갔다. 홍차의 향을 크게 들이마시며 한 모금 마시자 더욱 편안해졌다.

　"하아! 국고가 이렇게 비어 있을 거라고는 상상도 못했어. 이 상태로 슐레지엔을 지키는 건 무리야. 아니, 싸움을 시도할 수도 없겠어. 게다가 대신들까지 내게 제대로 된 조언을 해 주지 않아. 그러고도 어떻게 대신이라 할 수 있지?"

　안정된 마음 때문인지 그녀는 쌓였던 불만을 하나둘 내뱉기 시작했다.

"그분들도 당황하신 거겠지. 시간이 촉박해 네가 불안한 마음을 가지는 건 이해하지만 너무 조급해 하며 그분들을 다그치진 않았으면 좋겠어. 싸움에서 이기기 위해선 흥분해 아군을 책망하기보다는 냉정히 적과 나를 파악하라고 하잖아? 그리고 흥분은 뱃속의 아이한테 상당히 해롭다고."

아인이 생긋 웃어 보이자 테리는 어처구니없는 표정으로 천진난만한 얼굴의 친구를 보았다. 그리곤 피식 웃었다. 조급한 마음이 누그러지고 어쩐지 여유도 좀 생기는 것 같았다.

"그래, 내가 지금 이 상황에서 화를 낸다고 해도 크게 달라지는 건 없을 테니까. 힘을 합치고 머리를 더해 프로이센의 진군을 막는 방법을 찾는 것이 가장 우선이겠지. 그래야 이 아이도 지킬 수 있지 않겠어?"

테리는 자신의 배에 가만히 손을 올리고 두 눈을 지그시 감았다. 스테판의 네 번째 아이가 자라고 있었다. 불행히도 첫째 딸을 아버지가 돌아가신 해에 잃었다.

1740년은 테리에게 견디기 너무 힘든 해였다. 게다가 상황은 점점 나빠져만 갔다. 아무리 머리를 맞대 봤자 프로이센의 군대를 막기에는 역부족이었다. 잘 훈련된 프로이센의 군대는 슐레지엔을 점령하는 속도가 매우 빨랐다. 그러한 불안한 상황에서 희망의 싹이 튼 것은 이듬해 봄이었다.

"조금만 더, 조금만 더 힘을 주세요. 폐하!"

"으윽~!"

테리는 온 힘을 쏟아가며 태어날 아이와 다투었다. 분만실 앞에 선 아인과 그리고 테리를 가장 아끼는 남자가 서성거리고 있었다.

'제발 이번엔 사내아이가 태어나기를!'

고통 속에서도 테리는 왕자의 탄생을 바랐다. 그 아이는 황태자가 될 것이고 전쟁으로 침울해진 나라의 사기를 높여 줄 것이 분명했기 때문이다.

'제발!!'

"응애에에엥!"

기운찬 아이의 울음소리에 테리는 침대 깊숙이 몸을 맡겼다. 산파의 기쁨에 겨운 목소리가 메아리치듯 울렸다.

"폐하! 왕자님이십니다."

산파는 포대기로 싼 갓난아이를 테리의 품으로 건넸다. 사랑스러운 아이였다.

"왕자?"

스테판이 환호성을 지르며 방 안으로 들어와 고생한 아내에게 입을 맞추고 갓 태어난 자신의 아들을 보았다. 창을 통해 들어오는 햇살이 단란한 가족 위에 부서져 내렸다. 그 모습은 마치 한 폭의 그림 같아 바라보는 이들을 행복하게 만들었다.

'전쟁만 아니었다면 더 없이 행복한 가족이었을 텐데.'

아이인이 말없이 자신을 바라보며 미소를 짓자 테리는 손으로 그녀를 불렀다. 아인도 그림 같은 가족 안으로 들어가 새로 태어난

5장

새 식구의 얼굴을 보았다. 작은 입이 오물오물 움직이고 꼭 감은 두 눈은 눈부신 햇살 때문인지 살짝 찡그리기도 했다.

합스부르크의 새로운 후계자가 탄생했다는 기쁜 소식은 순식간에 전국으로 퍼졌고 전쟁의 공포에 사로잡힌 사람들의 사기를 높였다.

후계자의 탄생을 온 국민이 기뻐했다. 새로 태어난 아이의 이름은 요제프였다. 훗날 테리와 함께 오스트리아를 이끌고 그녀로부터 나라를 이어받을 운명이었다.

그러나 기쁨도 잠시, 프로이센이 침략을 시작한 지 7주 만에 슐레지엔 영토의 절반 이상을 점령해 버렸다. 이대로 가면 결국 슐레지엔은 프로이센의 손에 넘어갈 판국이었다.

테리는 2만의 군사를 슐레지엔으로 출정시켰다. 두 나라는 보름간 엄청난 사상자를 내며 접전을 거듭했다. 하지만 프리드리히 군대의 가공할 만한 화력과 보병부대, 대포를 이길 수는 없었다. 결국 프로이센의 군대에 오스트리아는 대패하고 말았다. 그 사실은 곧 유럽 전역으로 퍼졌고 몇몇 국가의 권력자들은 실제로 은밀한 회담을 가졌다. 바이에른에 있는 님펜부르크 성에서였다.

"이로써 철없는 어린 여자는 자신에게 주어진 것을 지킬 수 없다는 결론이 정확히 내려졌군요."

프랑스의 왕 루이 15세를 대변하는 추기경 플뢰리가 말했다.

"그렇소. 그러니 프로이센만 즐거운 식사를 하게 둘 수는 없지 않겠습니까?"

바이에른의 제후인 카를 알브레히트가 스페인의 펠리페 5세를 보며 물었다. 펠리페 5세는 지그시 감았던 두 눈을 뜨고 강한 어조로 말했다.

"이런 좋은 기회를 놓칠 수는 없지. 아마도 어린아이에게서 과자를 빼앗는 것처럼 쉬울 거야. 우리들이 힘을 합친다면!"

예순을 바라보는 펠리페 5세의 눈은 욕망으로 가득 찼다. 그가 왕위를 계승하기 위해 잃었던 스페인의 국토를 회복하기에 더할 나위 없는 최대의 기회가 온 것이었다. 게다가 유력한 협력자까지 생긴 상황이었다. 그들은 합스부르크의 영토를 빼앗아 어떻게 나눌 것인지 의논하기 시작했다. 프로이센의 강한 군대 앞에서 테리는 오스트리아를 지키기에 너무나 나약한 존재였다. 그리고 그들의 동맹은 곧바로 전쟁으로 이어졌다.

"바이에른과 프랑스의 연합군이 보헤미아를 침략했습니다."
"……!"

테리는 너무 놀라 전령을 뚫어져라 노려보았다.

프로이센을 슐레지엔에서 내모는 일에 전력을 다해도 버거운 판국에 보헤미아 지방까지 다른 국가에서 침략해 왔다. 하나였던 적이 둘이 된 것이다. 테리는 크게 숨을 몰아쉬었다.

허나 충격은 겹이어 몰려왔다. 아버지 카를 6세의 재위 시절에는 오스트리아에 설설 기던 바이에른의 카를 알브레히트가 자신과 손잡기는커녕 적국과 합의하여 보헤미아로 진격한 것이다. 또

5장

한 연맹의 도움으로, 스테판에게 물려져야 할 신성 로마제국의 황제자리에까지 올랐다. 이른바 황위를 찬탈당한 것이다.

그리고 또 하나 믿기 어려운 소식은, 자신의 왕위계승을 인정하지 않은 대부분의 국가들이 서로 군사동맹을 맺어 오스트리아를 분할할 계획을 세우고 있다는 정보였다.

어느 국가도 새 여왕과 오스트리아를 도와주지 않았다. 카를 6세가 공들여 마련한 국사칙서 따위는 이제 종잇장에 불과한 것이 돼 버렸다. 테리는 입술을 깨물며 이 상황을 어떻게 극복해야 할지 고민하고 또 고민했다.

자신에게 필요한 것, 위기에 빠진 오스트리아를 구할 가장 절실한 것을 생각했다. 그 때 전쟁 경험이 풍부하고 능력 있는 명장 칼 친왕이 자신의 전장에서 벗어나 잠시 빈에 머물고 있다는 사실이 떠올랐다. 테리는 망설일 틈 없이 그를 찾았다.

"그대의 도움이 필요하오."

테리는 왕족으로서 칼 친왕에게 명령하듯 말했다. 그만큼 그의 도움이 너무나도 절실했다.

"그러하십니까? 준비는 얼마나 되셨습니까?"

"지금 당신을 제외한 다른 핵심 군부들을 모아 두었습니다."

"벌써요?"

"벌써라니요? 이미 하고도 남았어야 할 때가 아닌가요?"

노련한 명장 칼은 어린 여왕인 그녀의 두 눈을 바라보았다. 테리는 고개를 빳빳이 세우고 그의 눈을 마주 대했다. 강한 눈빛이

칼의 마음에 들었다.

"역시 프로이센이지요."
"예를 무시하고 신의를 어긴 프리드리히에게 매운 맛을 보여 줘야 합니다."
"그렇습니다. 오스트리아의 군대면 충분히 프로이센을 물리칠 수 있을 것입니다."

전쟁에 대해 논의를 하는 자리에서 장군들은 모두 프로이센을 쳐야 한다는 주장을 폈다. 하지만 명장 칼 장군과 새 여왕은 조용히 그들을 주시했다. 그러다 테리가 자리에서 일어서 크게 외쳤다.

"아니요. 모두 틀렸습니다. 제일 먼저 우리가 칠 곳은 바이에른입니다. 프로이센보다는 바이에른이 상대하기 더 쉽고 승리했을 때 우리 군의 사기가 높아지기 때문이지요."

그녀의 강하고 확고한 발언에 칼은 빙그레 미소를 지었다. 굉장히 흡족한 모양이었다.

"맞습니다. 먼저 바이에른을 치고 그들이 더는 오스트리아를 넘보지 않도록 하는 것이 우선입니다. 작은 적을 먼저 치우고 큰 적과 대치하는 것이 훨씬 효과적으로 보여 집니다."

칼이 테리의 주장을 뒷받침해 주었다. 다른 장군들은 여왕의 발언에 깜짝 놀라 잠시 말을 잊은 듯했지만 곧 현명한 여왕과 노련한 명장의 선택에 찬사를 보냈다.

"우선은 바이에른이야. 결코 카를 알브레히트를 가만두지 않겠어! 무릎 꿇고 내게 빌게 만들 거야!"

모든 장군들에게 동의를 얻어 상기된 테리는 아인에게 카를에 대한 강한 복수심을 나타냈다. 다른 사람에게는 보이지 않는 행동이었다.

"이제 필요한 건 그를 칠 군자금과 병력이야. 지금 위험하다고 당장 서두르지는 않겠어."

지난 달 슐레지엔을 빼앗겨 급한 마음에 2만의 군대를 파견했다가 크게 패한 것을 테리는 잊지 않고 신중함을 기했다. 아직 반격할 시간은 충분했다.

"풋! 인간이란 이 얼마나 간사한지. 신의, 신의 그렇게 떠들어대고 눈앞에 있을 때는 마치 심장이라도 내어줄 듯 갖은 약속과 굳은 결의를 하면서도 이익을 위해서는 아무 일도 없었던 것처럼 뻔뻔하게 돌아서 버리지."

프로이센의 국왕 프리드리히 2세는 붉은 포도주가 든 잔을 빙글빙글 돌리며 오스트리아의 상황을 듣고 주변 국가들을 비웃었다.

"내가 원하는 땅을 얻게 도와주었으니 네게는 뭘 주면 좋겠나?"

날카로운 눈이 자신을 응시하자 그는 조용히 답했다.

"이미 절반은 이루었습니다. 이 전쟁으로 콧대 높던 황녀의 자존심은 많이 추락했겠지요. 그리고 그녀는 그것을 회복하고자 노력할 것입니다. 하지만 제가 정말 원하는 것을 얻을지는 잘 모르겠군요."

5장

젊은 국왕 프리드리히는 자신과 같은 나이의 사내 말을 그저 묵묵히 듣고 있을 뿐이었다.

"더 이상 전쟁은 하지 않으실 생각입니까?"

"내가 원하는 것은 슐레지엔뿐이야. 불필요한 싸움은 돈과 시간, 사람의 목숨만을 낭비할 뿐이지. 하지만 아직 안심할 상황은 아닌데다 그녀가 확실히 이 땅을 넘길 때까지 이 싸움은 계속되지 않겠나?"

국왕은 온화한 미소를 지어 보이며 빈 잔에 다시 포도주를 따라 부었다. 금발의 남자는 그 미소의 의미가 무엇인지 생각해 보았지만 알 수 없었다. 그는 속을 알 수 없는 남자였다. 독선적인 성격의 군국주의자인 아버지 프리드리히 빌헬름 1세의 엄격한 교육으로 꽤나 불행한 어린 시절과 청년 시절을 보낸 것으로 유명했다.

정신병을 보이던 선왕과의 사이는 극도로 나빴고 그가 서거할 때까지 좋아지지 않았다. 하지만 그에게서는 선왕의 고약한 모습은 보이지 않아 국민과 군인들로부터 많은 지지를 받고 있었다.

프리드리히는 녹음의 향기가 들어오는 창밖으로 자신이 점령한 새 영토를 내려다보았다.

"하하! 이 땅을 얻기 위한 초석을 다듬는 데 미치광이 늙은이의 구두쇠 짓과 문학과 예술을 버리고 군대 훈련을 한 덕이라니, 참으로 우습군."

그는 쓴웃음을 지었다. 아직 아버지의 그늘에서 벗어나지 못한 자신이 혐오스러워서인지도 몰랐다. 그 때 황급히 군인 하나가 국왕의 침소를 찾았다.

"크크크! 아하하하!"

군인이 건넨 서신을 읽은 프리드리히는 크게 웃어 댔다. 맞은편에 앉아 있던 사내가 서신을 받아 빠르게 읽어 내리고는 서신을 황급히 닫았다. 서신에는 전쟁 후 오스트리아의 분할 문제와 프로이센의 가담을 원한다는 내용이 담겨 있었다. 먼저 이 조약을 맺은 바이에른, 프랑스, 스페인 등은 동맹군이 오스트리아를 충분히 함락하고도 남으리라는 승리를 강조했다.

"아주 재밌게 됐군."

프리드리히는 그들의 동맹에 가입할 뜻을 그 자리에서 결정하고 바로 찬성의 서신을 보냈다.

"테리! 너무 위험해. 그만 두는 게 좋아!"

"괜찮아, 절대로."

테리는 만류하는 아인의 손을 거두고 활짝 웃는 얼굴로 말의 안장에 올랐다. 그리고는 능숙하게 말을 몰아 더위를 실은 바람을 갈랐다. 아인은 아이를 낳은 지 얼마 안 된 친구의 몸이 걱정돼 미칠 것 같았다.

"몸조리를 해도 모자랄 판에. 에잇, 어쩔 수 없지."

결국엔 아인도 그녀를 따라 말을 몰았다. 여전히 두 사람의 뒤에는 다니엘이 묵묵히 지키고 서 있었다.

"기다려, 테리!"

그렇게 몇 주간 전쟁에 대해 대신들과 회의도 하고 국정을 보면서도 시간을 들여 말을 타고 기마술을 익혔다.

"이렇게 기마술을 익혀서 전장에 참여하려고 그러는 거야?"

"필요하다면!"

테리를 뒤따르며 아인이 묻자 굳은 의지가 담긴 답이 되돌아왔다. 그런 그녀의 얼굴에서 아인은 여왕의 모습을 보았다.

"일주일 뒤 헝가리로 떠날 거야. 준비해."

테리의 갑작스런 발언에 아인과 노이호프 부인은 당황했다.

"갑자기? 이 시국에?"

"이 시국이니까 가는 거야. 특히 요제프를 잘 챙겨."

"그곳까지 이제 돌도 안 된 아이를 데리고 가자고?"

"응. 데려갈 거야."

아인의 걱정 어린 얼굴에 스테판이 미소를 지으며 말했다.

"너무 걱정 말아요. 그녀에게도 다 생각이 있으니까."

테리를 못 믿는 것은 아니었지만 이제 한여름이었다. 갓난아이와 함께 먼 길을 가야 할 것이 조금 걱정되었다.

준비를 하는 동안 한여름의 맹렬한 더위는 조금씩 사그라지고 있었다. 아이들을 데리고 여행을 하는 것은 예상대로 쉬운 일은 아니었다. 그래도 아이들은 잘 견뎌 주어 어느새 일행은 헝가리의 수도에 닿았다.

"어서 오십시오, 여왕폐하! 헝가리의 의회는 폐하의 방문을 환영합니다."

궁 앞에는 헝가리 의회의 모든 사람들이 나와 그녀와 일행을 환영해 주었다.

　헝가리의 젊고 아름다운 새 여왕은 환하게 웃으며 그들의 인사에 감사를 표했고 의원들은 그녀의 말이라면 무엇이든 따를 의사가 있는 것처럼 보였다.

　"허나 폐하 그것은 좀……."

　테리가 프로이센과의 전쟁에 대해 의회에 도움을 요청했을 때 그들은 첫날 그녀를 환영한 것과는 달리 달갑지 않은 표정을 보였다.

　"어째서입니까?"

　"프로이센은 분명 선왕 때부터 전쟁을 준비해 온 나라입니다. 그와 싸우는 것이 우리에게 불리하다는 사실은 누가 봐도 아는 일입니다."

　"그렇다고 이대로 슐레지엔을 모두 넘기고 보헤미아까지 넘어가는 걸 두고 보란 말인가요?"

　"……."

　그들은 아무 말도 없었지만 그 전쟁이 자신들과는 전혀 상관없는 일이라고 생각하고 있음을 테리는 간파할 수 있었다. 슐레지엔도, 보헤미아도 합스부르크의 영지일 뿐 따로 보면 헝가리와는 전혀 연관이 없는 지역이었다.

　"좋아요. 슐레지엔은 내가 포기할 수도 있습니다. 그렇지만 생각해 보세요. 그곳이 함락 된다면 그 다음, 다른 국가의 침략 대상은 어디겠습니까? 이미 그들은 보헤미아까지 침략했어요. 가만히 있으면서 그저 당할 날을 기다리자는 거예요? 이제 그들은 슐

레지엔과 보헤미아만이 아닌 합스부르크의 영지 전역을 노리고 있을지도 모릅니다."

새로운 여왕 앞에 앉은 중신들이 술렁거렸다. 그녀의 말은 틀리지 않았다. 분명 영국을 제외한 모든 나라가 합스부르크의 왕위 계승을 부정하고 나섰고 이미 그들은 침략을 해 왔다. 그렇다면 이제 평화는 끝난 것이다. 스스로를 지키려면 합스부르크의 영지들이 뭉쳐야 했다.

"여기 내 아들 요제프! 이 아이는 내 뒤를 이어 왕국을 이어 나갈 소중한 후계자입니다. 내 친히 약속하지요. 여러분이 내 뜻에 따라 군자금과 병력을 내 준다면 잃어버린 명예를 회복하고 합스부르크를 위협하는 모든 것으로부터 이 나라를 지켜 나갈 것입니다. 우리는 이제부터라도 준비해야 합니다. 합스부르크의 힘이 얼마나 대단한지 주변 국가에게 보여 주어야 하며 그들이 함부로 대할 존재가 아님을 명백히 해야 합니다. 누구도 나와 내 백성과 내 국가를 넘보게 하지 않겠습니다. 그러니 여러분, 내게 힘을 보태 주세요. 더욱 강한 왕국이 되어 그 보답을 드릴 것입니다. 난 여인이지만 국왕의 심장을 가지고 있습니다!"

테리의 힘찬 연설에 의회의 누구도 반박하고 나서지 않았다. 아니 모두들 환호하며 그녀의 뜻에 따를 것을 강하게 표현했다.

"여왕폐하 만세!"

"오스트리아, 헝가리 여왕 만세!"

테리는 헝가리로부터 군자금과 병력을 지원받을 것을 약속받았다.

"다행이야! 정말 잘됐어. 너무 멋있었어, 테리!"

아인은 의회에서 갈채를 받고 돌아온 테리의 의상을 손보면서 매우 기뻐했다. 하지만 테리의 손은 미약하게 떨리고 있었다.

"테리?"

그녀가 아인의 손을 꼭 쥐어 왔다.

"나, 잘한 거야? 아무것도 기억나질 않아서. 성공한 거야? 그들로부터 내가 원하는 것을 얻었어?"

아인은 활짝 웃어 보였다. 언제나 다른 사람들 앞에서는 당당하게 자신의 의지를 보여 주는 테리가 가끔 자신 앞에서는 약한 모습을 보였다.

"물론이야. 여왕폐하! 아주 멋지게 해냈어!"

그 말을 듣고서야 테리는 꽉 쥐고 있던 손의 힘을 풀었다. 이제 남은 것은 헝가리의 군자금과 병력을 토대로 더욱 강한 군대를 만드는 것이다. 그리고 침략당한 땅과 명예를 회복해 자신을 넘보았던 그리고 선왕과의 신의를 저버린 다른 국가들에게 본때를 보여 주는 것이었다. 테리는 다시 한 번 각오를 다졌다.

그날 밤엔 의회가 준비한 조촐한 환영식과 승리를 기원하는 작은 파티가 열렸다.

춤추는 것을 좋아하는 테리는 지금 이 시간만큼은 전쟁도 국가의 힘든 상황도 모두 잊고 즐겁게 춤을 추며 여왕의 자태와 건강을 과시해 보였다. 요한 슈트라우스의 왈츠에 맞추어 움직이는 그녀에게서 남들과는 다른 빛이 나는 것 같았다.

'도저히 믿기지가 않네. 두 달 전에 아이를 낳은 사람이라고는. 그것도 넷째였는데…….'

아인은 오랜만에 아이처럼 밝게 웃는 테리의 모습을 보며 흐뭇한 미소를 지었다. 그래서였을까? 좋아하지도 잘 마시지도 못하는 와인을 조금 과하게 마셔 버렸다. 취기와 함께 열이 올라 무도회장과 연결돼 있는 테라스로 나왔다.

9월의 밤바람이 기분 좋게 불어와 아인은 좀 더 난간 쪽으로 다가갔다. 다리의 힘이 풀리면서 순간적으로 테라스 아래의 바닥이 보이는 것 같았다.

"위험해!"

소리를 지르고 허리를 잡아 아인을 테라스 안쪽에 앉혀 준 것은 다니엘이었다.

"하마터면 떨어질 뻔 했잖습니까! 어서 안으로 들어가시지요."

다니엘의 호통에 아인은 머리가 울려와 인상을 찌푸렸다.

"머, 머리가…….''

다니엘은 알겠다는 듯 한숨을 내쉬고는 테라스 안쪽의 안전한 소파 위에 아인을 앉혀 놓고 물을 가지러 갔다. 멀어지는 다니엘의 뒷모습을 보다가 소파 깊숙이 몸을 묻고 하늘을 올려다보았다. 서울에서는 볼 수 없었던 밤하늘의 수많은 별들이 보석처럼 빛나고 있었다. 영국에서 다니엘과 함께 보았던 밤하늘의 모습과 닮아 조금 쓸쓸한 기분이 몰려왔다.

"여기……."

다니엘이 돌아와 보니 아인은 어느새 새근새근 잠들어 있었다. 그는 한동안 멍하니 그 모습을 바라보다 그녀의 어깨를 흔들어 깨워 보았다.

"레이디 아인! 레이디?"

"으응."

흔들리는 어깨에 희미하게 눈을 떠 자신을 보고는 배시시 웃는다.

"데니! 보고 싶었어."

그리고는 다시 스르륵 눈을 감았다. 감긴 눈에서 한 줄기 눈물이 흘러내렸다. 다니엘은 아인 앞을 떠나지 못하고 그저 말없이 그녀를 바라만 볼 뿐이었다.

6장
사라진 아인

Maria Theresia

"출전에 앞서 여왕폐하께 인사드립니다."

"장군도 잘 알다시피 이번 전쟁은 매우 중요합니다. 오스트리아의 형제이면서 형제의 땅을 무참히 짓밟은 무뢰한 자를 징벌해 주시기 바랍니다. 그대는 충분히 그 본분을 다하고 남을 사람입니다. 신의 은총이 항상 그대와 함께할 것입니다."

테리는 곧 바이에른으로 출전할 부대의 장군을 치하했다.

그녀는 헝가리로부터 지원을 받은 후 군대와 전력을 기르는 데 온 힘을 쏟았다. 그리고 이듬해 1월 반(反)합스부르크 동맹이 약해진 틈을 타 자신으로부터 많은 것을 앗아간 카를 알브레히트를 시작으로 모든 것을 되찾으리라 마음먹었다.

여왕의 염원을 받은 장군은 곧 수만 명의 군사를 이끌고 바이에른으로 향했다. 이제 승전보를 기다리며 오스트리아를 노리는 다른 세력을 견제해야 했다. 현재 가장 큰 세력은 프로이센과 프랑스였다. 이 둘을 오스트리아 혼자 막아서기에는 턱없이 힘이 모자랐다.

"영국 대사를 모셔 와요."

영국은 프랑스와 항시 칼을 맞대고 있는 또 다른 유럽의 커다란 세력이었다. 오스트리아를 침략해 더 큰 영지와 힘을 얻으려는 프랑스를 견제하기 위해 영국만큼 좋은 동맹국은 없었다. 걸림돌이라면 조금 멀리 떨어져 있다는 것 정도였다. 그녀의 부름에 영국 대사는 한달음에 달려왔고 그녀의 뜻을 영국의 왕에게 빠르게 전할 것임을 약속했다.

약속대로 빠른 답이 돌아왔다. 그녀의 생각처럼 그들도 프랑스를 견제해야 했고 그녀의 뜻을 받아 동맹을 체결해 프랑스를 공격할 것을 협의했다. 이제 바이에른을 치고 프로이센과의 전쟁에 총력을 기울이면 되었다. 반드시 그들을 물리쳐야 했다. 아니 그러고 싶었다. 여왕은 지난 5월에 있었던 일을 다시 떠올렸다. 바이에른의 카를 알브레히트는 마침내 신성 로마제국의 황제자리를 찬탈한 후였다. 테리도 무척이나 황당하고 기가 막혔지만 스테판은 그녀보다 더한 충격을 받았다.

스테판은 정원을 가꾸고 음악을 듣고 책 읽는 것을 즐기며 아이와 함께 지내는 시간을 무척이나 좋아하는 가정적인 사람이었다. 아무리 정치적인 욕심이 많지는 않다하더라도 카를 알브레히트가 황제의 자리에 올랐다는 말을 들었을 때는 참으로 씁쓸했다.
테리와의 결혼이 결정되었을 때 그는 로트링겐 가문 대대로 내려오던 영지를 프랑스에게 빼앗겼다. 로렌 지방은 사실 프랑스와 로트링겐 가문 둘 다에게 소유권이 있었다. 그런데 이 결혼을 이유로 프랑스가 소유권을 주장하고 나섰다. 카를 6세는 딸에게 합스부르크의 모든 것을 물려주지 못할까 우려해 스테판을 설득하고 나섰다. 이름만으로도 영향력이 있는 신성 로마제국의 황제자리와 어쩌면 합스부르크의 모든 영지의 황제가 될지도 모른다는 말과 함께였다.

이미 자신보다 부인인 테리가 정치적인 면에선 더욱 재능이 있음을 느낀 스테판은 조용히 물러나 취미활동을 하며 아내를 외조하는 것으로 만족했다. 하지만 이름뿐인 황제의 자리마저 빼앗긴 상황에 허탈감이 물밀듯 차올랐다.

온실에서 장미를 가꾸던 손이 함부로 나가 어린 장미송이도, 새로 자란 잎도 모두 싹둑싹둑 잘라내 버렸다. 그래도 버리려 했던 불만이 차곡차곡 쌓이는 것을 막아 주지는 못했다. 바람도 쐴 겸 기분도 바꿀 겸 정원에 나온 테리는 그런 그의 모습을 보고 미안한 마음이 들어 어찌할 바를 몰랐다. 그 때 아인이 그녀의 귀에 무어라 속삭이자 테리는 놀란 눈을 하고 아인을 바라보았다.

"그럴까?"

"그럼! 스테판님은 예술을 아끼실 줄 아는 분이니까 충분히 잘하실 수 있을 거야."

아인이 등을 밀어 테리는 주춤거리며 스테판에게 다가갔다. 그의 주위엔 안타까운 꽃송이가 흩어져 있었다.

"그만 두세요. 애써 키운 아이들이지 않습니까."

아직까지 화가 가라앉지 않은 스테판은 테리와 눈도 마주치지 않고 고개를 돌렸다. 테리는 잘린 장미송이를 하나둘 포개 다발로 만들어 정리하고 남편의 손을 꼭 쥐었다.

"미안해요, 여보. 당신은 날 위해 포기한 것이 많은데 난 아무것도 지켜 주지 못했네요. 하지만 약속하겠어요. 반드시 당신에게 황제의 자리를 되찾아 주겠어요. 얼마의 시간이 걸리든 말이에요."

테리는 원예 작업으로 흙투성이가 된 남편의 손에 깊이 입을 맞추었다.

"부인."

그제야 스테판은 테리를 보았다. 계속 되는 전쟁과 국가 간의 불화로 고생이 많았는지 매우 수척해진 얼굴이었다. 그 얼굴을 위로하듯 쓰다듬었다.

"아버지이이~!"

멀리서 딸인 마리아 안나가 종종 걸음으로 달려왔다. 그리고 어머니가 있는 것을 보고 깜짝 놀랐다가 활짝 웃어 보였다.

"어머니도 계셨네요."

6장

양 볼이 발갛게 달아올라 건강해 보였다.

"아버지를 돕고 있었니?"

"네!"

안나는 씩씩하게 대답하고 가져온 흙을 장미 화단에 열심히 뿌렸다.

"음악을 매우 좋아해요. 요즘은 글도 곧잘 읽습니다."

"그런 점은 당신을 아주 많이 닮았나 보네요."

"하하! 그렇습니까?"

"스테판. 전쟁이라든가 국가 재정에 관한 일은 내가 해결할게요. 당신은 음악과 문학, 미술 같은 것들이 성장할 수 있도록 힘을 쏟아 주세요. 감수성이 풍부하고 아름다운 것을 볼 줄 아는 당신이니 능히 그 모든 것들을 가꾸어 가실 수 있을 거예요."

테리는 아인이 조언한 것을 토대로 스테판에게 말했다.

그 때 유리창 너머로 들어오는 햇살이 이 가족을 따스하게 감싸 주고 있었다. 젊은 부부는 마주보고 사랑스럽게 웃었다.

바이에른으로 진격한 테리의 군대는 마치 그동안 겪은 모든 일의 분풀이라도 하듯 총공격을 퍼부어 댔고 불과 열흘 만에 바이에른의 수도를 함락시켰다.

"바이에른으로 출병한 우리군의 전언입니다. 바이에른의 수도를 함락했으며 왕실로부터 님펜부르크 성의 조약을 파기하고 다시는 오스트리아를 침략하는 일은 하지 않겠다는 조약을 받아냈다고 합니다."

그 소식을 전해 들은 테리는 크게 환호성을 질렀다. 배신자 카를에게 회심의 한방을 날린 것이다. 그러나 카를은 여전히 황제의 칭호를 넘기지 않았다. 아니 죽는 날까지 그 자리를 양보하지 않을 것처럼 보였다.

바이에른의 승전은 군대와 백성의 사기를 일제히 높여 군 입대를 지원하는 사람이 늘었고 그것은 슐레지엔을 점령하고 있던 프로이센 군대에게 상당한 위협이 되었다.

"물론 전력이 양분돼 있으니 슐레지엔을 탈환하기 위한 총공격은 해 오지 못할 겁니다. 하지만 여전히 방심할 수는 없지요. 바이에른을 도와 오스트리아 군을 계속 그쪽에 잡아 둬야 합니다."

"틀린 말은 아니네. 아니, 그렇게 하는 것이 지금 우리로선 가장 좋은 방법이지. 하지만 난 이 땅을 확고히 프로이센의 영지로 하고 싶단 말이지."

프리드리히 2세는 자신이 정복한 땅을 잃지 않기 위해서 다른 동맹국과 오스트리아 국경으로 남하했다. 하지만 목적을 달성한 테리는 휴전을 선포하고 바로 본국으로 회군해 버렸다. 그 바람에 맥이 빠진 연합군은 다시 북쪽으로 후퇴하고 있었다. 그러나 후퇴는 쉽게 이루어지지 않았다.

그들이 회군하는 길에 칼 친왕이 3만 군대를 매복시키고 기다리고 있었던 것이다. 연합군은 함정에 빠졌지만 프리드리히의 침착한 방어로 쉽게 무너지지 않았다. 연합군과 오스트리아 군의 전쟁은 오랜 시간 지속되어 헤아릴 수 없을 정도로 많은 사상자가 생겼다. 결국 칼 친왕은 불리함을 깨닫고 오스트리아로 군대를 이동시켰다. 연합군 역시 큰 타격을 입어 그대로 북으로 돌아갈 것이라 예상했지만 프리드리히는 숨을 고르고 병력을 재정비해 다시 오스트리아 국경으로 남하했다.

"그들의 군대는 여전히 3만 가까이 됩니다. 하지만 우리군은 겨우 천오백도 안 됩니다. 다시 전투가 벌어진다면, 승산이 희박합니다."

칼 친왕의 계획이 실패로 끝나면서 바이에른을 치고 얻은 기쁨은 금세 가셨다. 다시 불안이 여왕의 마음속에서 크게 일어났다.

"그렇다면 어쩌면 좋을까요?"

낯빛이 차갑게 변한 테리가 칼 친왕을 향해 물었다. 그 역시도 선뜻 답을 내놓지는 않았다. 분명 매복으로 연합군을 칠 수 있다고 강하게 믿었건만 상대인 프리드리히는 만만치 않은 인물임에 틀림이 없었다. 그를 쉽게 생각한 책임은 분명 자신에게 있었다.

"별 수 없지 않습니까? 이번에도 강화(싸우던 두 편이 싸움을 멈추고 평화로운 상태가 됨)를 맺으시지요. 그것이 최선의 방법입니다."

영국의 대사가 고민에 빠진 오스트리아의 여왕에게 건의했다.

"중재는 저희가 맡겠습니다."

테리는 크게 숨을 내쉬었다.

영국은 지난 님펜부르크 성의 조약으로 오스트리아가 최대의 전쟁 위기에 말려들었을 때 슐레지엔을 프로이센에 할양할 것을 건의하고 전쟁이 일어나지 않도록 중재를 맡은 적이 있었다.
"……알겠소."
영국 대사의 조언을 수긍하고 돌아서는 테리의 얼굴은 잔뜩 일그러져 있었다.

'오스트리아는 슐레지엔과 그라츠 공국을 프로이센에 할양한다.'는 조약서에 서명하는 마리아 테레지아의 손엔 힘이 잔뜩 들어갔다. 주기 싫은 것을 억지로 줘야 한다니 억울하기 짝이 없을 정도였다. 게다가 맞은편에 앉아 있는 프로이센의 국왕은 자신보다 고작 다섯 살 많을 뿐이었다. 참을 수 없는 치욕이 머리끝까지 차고 올랐다. 그리고 지금은 어쩔 수 없이 두 지역을 양보하지만 반드시 그의 손에서 되찾고 말겠다는 강한 의지가 몸을 뜨겁게 만들었다.

프리드리히는 자신의 거처로 돌아와 조약서를 다시 보며 크게 웃었다.
"하하하! 그녀의 손이 부들부들 떨리는 걸 자네가 봤다면 아주 통쾌했을 텐데. 아쉽게 됐군."
"이 정도로도 충분합니다."
프리드리히는 갑옷을 벗으며 잠깐 생각에 잠겼다가 다시 말했다.
"혹시 그 사람에 대해 알고 있나?"
"그 사람이라니요?"
"오늘 마리아 테레지아 뒤에 서 있던 숙녀였는데 곧게 뻗은 검은 머리카락이 매우 매력적인 여자였어. 동양에서 온 것 같더군."

"아인 리를 말씀하시는 것 같군요."

"아인 리? 그녀의 이름인가? 특이하군."

"10년도 더 전에 마리아 테레지아의 친구라면서 불현듯 나타난 인물입니다. 어디서 왔는지 나이가 몇인지 가족이 누군지에 대한 정보도 없을뿐더러 더욱 이상한 점은 호프부르크 성내에 있는 누구도 그녀에 대해 궁금해 하지 않는다는 겁니다. 자연스럽게 녹아들었죠."

남자의 말에 프리드리히는 호기심 어린 표정으로 그를 바라보았다.

"신기한 일이로군, 아주!"

그의 두 눈이 반짝였다.

"억울해 미칠 것 같아!"

테리가 분이 풀리지 않은 말투로 흥분을 가라앉히지 못한 채 계속 화를 쏟아냈다.

"더 큰 피해를 막기 위해서는 어쩔 수 없었잖아. 난 이게 잘한 선택이라고 생각해. 그러니까 그만 화 풀어. 그리고 다음을 기약해."

아인의 말에 테리는 어깨를 축 늘어트리고 뒤돌아보았다. 그리곤 주위를 살피고 아인의 귀에 속삭였다.

"아인. 난 사실 굉장히 불안해. 이대로 모든 것을 잃는 것은 아닐까 하고."

테리의 얼굴이 수심으로 가득했다. 그도 그럴 것이 왕위를 계승

하고자 나섰을 때부터 배신과 전쟁의 패배를 맛보아 왔기 때문이었다. 다행히 최근 전쟁에선 연승을 이어 나갔지만 다시 프로이센에게 패하고 말았다. 이것으로 다시 자신이 패배의 길로 들어서는 건 아닌지 계속 불안해하고 있었던 것이다.

"괜찮아! 앞으로는 더 잘 될 거야. 너는 모든 어려움을 극복할 지혜와 용기를 가졌으니까. 그리고 더 잘해 나갈 수 있다는 걸 난 확신할 수 있어. 너도 알다시피 난 미래에서 왔잖아?"

아인이 얼굴 가득 미소를 담아 친구를 위로했다. 그 말에 테리는 용기를 얻는 것 같았다. 하지만 아인은 자신의 발언이 곧 큰일을 불러올 것이라는 생각은 추호도 하지 못했다.

그날 밤 다니엘은 뜻밖의 손님을 맞았다.

"혀, 형님?!"

"……."

덜컹거리는 소리와 흔들림에 아인이 눈을 떴다. 익숙하지 않은 풍경이 눈에 들어왔다.

'여긴 어디지? 돌아가야 해. 테리에게 위험하다고 알려…….'

몸을 일으키려 하자 현기증이 핑 돌아 다시 바닥에 몸을 숙였다.

'대체 무슨 일이 일어난 걸까?'

생각을 하려 애썼지만 두통이 생각을 막아 버렸다. 그리고 다시 쏟아지는 잠을 이기지 못하고 쓰러져 버렸다.

6장

"그걸 말이라고 하는가?"

테리는 친위대를 향해 크게 소리를 질렀다. 화가 머리끝까지 치밀어 올라 내지른 소리에 왕실 경호를 맡은 친위대들이 움찔하고 놀랐다.

"당장 찾아내."

친위대가 허둥대며 어찌할 바를 모르고 서성이자 다시금 불호령이 떨어졌다. 그러자 그들은 흩어져 아인을 찾기 시작했다.

"어젯밤 갑자기 사라진 두 사람을 어떻게 찾으라는 거야?"

"이유 없이 사라질 사람들이 아니니까 저러시는 거겠지."

짝을 이루어 아인을 찾으며 친위대는 답답한 마음을 나누었다.

"대체, 대체 어디로 간 거니? 아인."

"무슨 일이오? 아인이 보이지 않는다니?"

스테판이 허겁지겁 집무실을 방문해 테리에게 물었다. 테리는 고통스러운 표정으로 남편이 뻗어 온 손을 잡았다.

"모르겠어요. 오늘 아침 늦기에 오랜만에 늦잠이라도 자는가 싶어서 그냥 두었어요. 그런데 점심이 지나도 나오질 않는 거예요. 그래서 막사로 사람을 보냈는데 없다기에 이곳저곳 아인이 갈 만한 곳을 모두 찾았어요. 그런데 아무데도 그녀가 없어요. 이제 곧 이곳을 떠나야하는데 심지어 다니엘 폰 키르히아이젠까지 없어요."

"혹 두 사람이 어디 멀리 나간 것은 아닐까요?"

"아니요. 그럴 리가 없어요. 아인은 내게 아무 말도 없이 이렇게 오랜 시간 자리를 비울 사람이 아닌걸요. 필시 무슨 일이 생긴 것이 분명해요."

 다시 눈을 떴을 때는 또 다른 장소였다. 전만큼 두통이 심하지 않아 몸을 일으키는 데 무리가 없었다. 정신을 가다듬고 주위를 살폈다. 테리와 지내던 궁전의 방들과 비슷한 느낌이었다. 하지만 어딘지 달랐다. 좀 더 평범한, 그다지 잘 꾸며진 공간은 아니었다. 그 때 다니엘이 문을 열고 들어왔다.
 "키르히아이젠 경, 여기는 어디죠? 대체 어떻게 된 건가요?"
 지끈거리는 이마를 짚고 물었다. 그는 대답 없이 들고 들어온 물병과 잔을 탁자에 올려놓을 뿐 아무런 말도 하지 않았다. 아인을 똑바로 쳐다보지도 않았다.
 "괜찮으십니까? 어디 불편한 곳은?"
 "네. 괜찮아요. 그런데……."
 아인은 자신에게 무슨 일이 생긴 것인지 곰곰이 생각해 보았다. 잠들기 전의 일과 이곳으로 오기 전의 기억이 하나둘 떠올랐다. 조약을 마치고 빈으로 돌아갈 준비를 하고 있을 때였다. 노이호프 부인이 의논할 일이 있다며 아인을 불렀다. 무슨 일인지 궁금했던 아인은 그녀를 따라나섰다. 하지만 점점 깊숙한 숲속으로 향하는 부인이 이상하다고 느꼈을 때는 이미 낯선 사람들에게 둘러싸여 있었다. 그들 중 일부가 곧 아인을 포박했다.
 "부인?!"
 노이호프 부인의 표정은 말로 표현할 수 없을 정도로 어둡고 고

6장

통스러워 보였다.

"미안해요. 나를 원망해도 좋아! 하지만 이것이 최선이야. 난 나의 여왕님과 그분의 가족이, 이 나라가 당신보다 소중해."

그녀의 말이 무엇을 뜻하는지 아인은 도통 알 수가 없었다. 그때 뒤에서 누군가 코와 입을 수건으로 막아 아인은 고개를 세차게 흔들었지만 그녀를 잡은 강한 손은 쉽게 떨어져 나가지 않았다. 숨이 막히는 느낌에 빠르게 호흡을 할 때서야 아인은 소리 지르는 것을 막기 위해 입을 막은 것이 아니라는 걸 깨달았다. 조금씩 의식이 희미해지고 잠이 쏟아졌다. 그녀가 마지막에 본 것은 옅은 금발의 남자였다. 그 기억이 희미했다. 떠올리려 애를 쓰고 있는데 흥미에 가득 찬 목소리가 들려왔다.

"확실히 다르군!"

낯선 목소리에 깜짝 놀란 아인이 소리 나는 쪽으로 고개를 돌려 보았다. 방으로 들어온 남자는 어디선가 본 기억이 있었다. 약간 마른 체구에 어딘지 품위가 있어 보이는 남자였다. 다니엘이 허리를 숙여 예를 표하는 것이 보였다.

'누구더라? 어디서 본 것 같은데?'

경계하고 있는 아인의 곁으로 뚜벅뚜벅 걸어오자 그녀는 뒤로 슬쩍 물러섰다. 프리드리히는 아인 앞에 서서 그녀를 빤히 쳐다본 후 빙긋 미소를 지었다.

"정말 신비한 색이야. 눈동자도 머리카락도……."

순간 뻗어 오는 손을 아인은 세차게 내쳤다.

"무슨 무례한 짓이냐?"

남자의 뒤에 서 있던 시종이 아인의 행동에 놀라 소리쳤다.

"이 분은 프로이센의 국왕이신 프리드리히님이시다!"

'뭐?'

아인은 자신 앞에서 얻어맞은 손을 털고 있는 남자를 다시 보았다. 그는 화를 내는 시종을 만류하고 여유로운 표정을 지었다.

"하하! 괜찮다. 무례한 행동을 한 것은 나도 마찬가지니."

그 얼굴을 보니 테리를 따라 조약서를 쓴 막사에 들어갔을 때 맞은편에 앉아 있던 프리드리히와 같은 사람임을 떠올렸다.

"그녀를 너무 몰아세우지 마시지요. 아직 지금 처한 상황을 파악하지 못하고 있을 테니 말입니다."

아인은 흠칫 놀랐다. 어딘지 익숙한 목소리였다. 그리고 그를 보았을 때 그녀는 입을 다물지 못했다.

"미하엘!"

"오랜만에 뵙습니다. 레이디 아인!"

아인은 미하엘을, 프리드리히를 그리고 다니엘을 연이어 보았다.

"이게 무슨!"

그녀는 다니엘을 노려보았다.

"이게 어떻게 된 일이죠, 키르히아이젠 경? 당신이 어떻게!"

다니엘은 괴로운 표정을 지으며 고개를 돌렸다. 그런 그의 얼굴을 본 순간 아인은 잠들기 전 희미하게 보았던 모습이 선명히 떠올랐다.

6장

옅은 금발, 그리고 세 가지 색의 눈동자.

"당신이었어? 날 기절시킨 사람이?"

"동생을 너무 책망하지 마시지요, 레이디. 그도 당신을 이곳으로 모셔오는 것을 썩 내켜하진 않았답니다."

"그렇다면 이곳이 오스트리아가 아니란 말이군요?"

목소리가 부들부들 떨렸다.

"후후! 그렇습니다. 생각보다 머리 회전이 빠르신 것 같네요. 여기는 이제 프리드리히 전하의 영지가 된 슐레지엔입니다. 그러니 섣부른 행동은 안 하는 것이 이롭다는 것도 금세 파악이 되셨을 겁니다."

미하엘이 능글맞은 미소를 지으며 친절히 설명해 주었다. 그 말은 도망칠 생각은 하지 말라는 뜻이었다. 그 말을 하지 않아도 아인 혼자서 이곳을 빠져나갈 수 없다는 것쯤은 잘 알고 있었다. 하지만 위협이 되기에는 충분했다.

아인은 자신이 누웠던 침대에 두 손을 짚었다. 다리에 힘이 풀려 무언가에 지탱하지 않고는 서 있을 수 없었기 때문이었다.

"많이 놀란 듯하니 오늘은 이쯤에서 쉬게 해 드려야겠군. 이야기는 천천히 듣지요. 당신이 왔다는 미래에 대한 이야기, 기대하고 있겠습니다."

'어떻게?!'

프리드리히의 말에 아인은 놀란 눈으로 그를 바라보았다.

"이런! 그렇게 놀란 토끼눈을 할 필요는 없습니다. 비밀은 언제

든 새게 마련이지요. 어느 곳이든 듣는 귀와 보는 눈이 있게 마련입니다."

 아인은 테리를 위로하기 위해 가볍게 한 말이 떠올랐다. 그 때 막사엔 둘밖에 없다고 생각했었다. 밖에 누가 오고 갔는지조차 몰랐으니 아무리 친구를 위로하기 위해 한 말이었지만 경솔한 발언을 한 것은 틀림없었다.

 "그대가 미래에서 왔다는 말을 믿지 않았지만 그 표정을 보니 아주 허무맹랑한 이야기는 아닌 것 같군요. 그럼 다시 만날 시간을 기쁘게 기다리고 있겠습니다."

 프리드리히는 아인의 검은 머리카락에 입 맞춘 뒤 미하엘과 함께 방을 나섰다.

 아인은 그대로 침대에 얼굴을 묻었다. 자신은 테리의 적국에 납치감금된 것이다. 이 상황이 친구에게 매우 불리하다는 것도 알았다. 적진의 한가운데, 게다가 아인의 편은 아무도 없었다. 그녀는 고개를 돌려 아직 방에 남아 있는 다니엘을 보았다.

 '배신. 이 사람도?'

 "왜? 어째서 이런 짓을 한 거예요? 내가 무슨 가치가 있다고? 당신은 오스트리아의, 테리의 친위대잖아! 당신과 형이 문제를 일으켰을 때도 테리와 그녀의 아버지는 당신을 벌하지 않았어. 당신과 형은 별개의 사람이라고. 테리는 당신을 믿었는데……. 그런데 왜?!"

 처음엔 낮았던 목소리가 점점 크게 바뀌어 다니엘을 질타했다. 아인의 외침에 다니엘의 얼굴은 더욱 고통스럽게 바뀌었다.

"그건……!"

다니엘은 두 눈을 질끈 감았다. 그리고 주먹을 꽉 쥐고는 크게 숨을 들이마셨다.

"변명은 하지 않겠습니다. 전 이미 반역 죄인이니. 하지만 당부의 말은 해야겠습니다. 부탁드립니다. 제발 저들이 원하는 대로 맞춰 주십시오."

다니엘이 몸을 돌려 방을 나서다 말을 이었다.

"문 앞에 있겠습니다. 필요한 것이 있으면 말씀해 주십시오."

아인은 닫힌 문을 향해 힘껏 베개를 던졌다. 그 바람에 베개 안에 있던 거위 털들이 사방으로 날렸다.

그 무렵 오스트리아 진영은 아인을 찾기 위한 수색작업이 계속되었지만 그녀의 행방은 알 수 없었다.

"어떻게 왕실을 지키는 친위대가 이렇게 한 사람도 지키지 못할 수 있단 말입니까?"

그녀는 친위 대장을 불러 크게 꾸짖었다.

"이래서야 내가 당신을 믿고 나와 내 가족의 안전을 맡길 수 있겠습니까?"

친위 대장은 아무 말도 못하고 고개만 숙이고 있었다.

"하지만 이렇게 뚫린 공간에서 외부로 나가는 사람을 일일이 감시하기에는……."

친위 대장의 말에 여왕은 더욱 크게 소리를 질렀다.

"지금 그걸 말이라고 하는 것인가? 당장 이 일에 가담한 자가 있는지 수색하세요. 철저히! 만약 이 일도 제대로 처리하지 못한다면 당신도, 당신의 가족도 안전하지 못할 것입니다. 아시겠습니까?"

"주위를 물려주십시오. 폐하!"

분노어린 군주의 호통에 모두들 기죽어 있을 때 슬픈 얼굴을 한 노이호프 부인이 앞으로 나섰다.

7장
프리드리히
2세와의 전쟁

Maria Theresia

"식사가 입에 맞지 않나? 통 먹질 않는군. 오스트리아에서 먹던 것과 크게 차이나지 않을 텐데 말이야."

프리드리히가 마주 앉은 채 음식에 손도 대지 않는 아인에게 불만스럽게 말했다.

"먹지 않아도 상관없어. 내게 미래의 이야기를 해 주기만 한다면……."

"난 미래에서 오지 않았어요. 아무것도 모른다고요!"

하지만 프리드리히는 아인의 말을 믿지 않았다. 그는 빵을 뜯던 손을 멈추고 아인을 뚫어져라 쳐다보더니 빙긋 웃었다. 그리곤 말없이 식사를 계속했다. 조용한 방 안엔 프리드리히가 사용하는 식기의 달그락거리는 소리와 음식의 향기만이 감돌아 아인의 허기진 배를 점점 자극해 왔다.

"내 앞에서 먹는 것이 나을 거야. 다른 음식엔 누가 무슨 짓을 하는지 알 수 없거든."

그래도 아인은 고집을 부리며 음식에 손대지 않았다. 아침부터 밤늦도록 아인이 먹은 것이라고는 고작 물뿐이었다. 그동안에도 프리드리히의 치사한 공격은 계속돼 그가 식사를 할 때는 꼭 동행토록 했다.

'아, 어지러워. 배도 고프고 기운이 없다.'

침대에 쓰러지듯 누워 버렸다.

'테리. 지금 얼마나 내 걱정을 하고 있을까?'

오스트리아에 있는 친구 생각이 나 쓸쓸하고 가슴 아픈 밤을 보내는 아인이었다.

 호프부르크의 새 주인은 전쟁과 아인의 일로 머리가 지끈거렸다. 아인이 사라진 날 친위 대장과 스테판이 남은 자리에서 노이호프 부인은 무릎을 꿇고 눈물을 흘렸다. 그리고 용서를 구하는 대신 자신을 죽여도 좋다고 말했다.
 "제게 사형을 내리신다 해도 달게 받겠습니다. 폐하의 소중한 친구를 프로이센에 넘긴 죄인이니까요. 하지만 그럴 수밖에 없었습니다. 조약을 맺은 날 오후 제 막사로 키르히아이젠 경이 들어와 제 목에 칼을 겨눴습니다. 그리고 아인을 자신이 말한 곳으로 유인해 오지 않는다면 자신이 다음에 들어갈 곳은 여왕의 막사라 했습니다."
 여왕의 두 눈은 분노와 놀라움으로 떨렸다.
 "그리고 만약 아인을 데려간 것이 금방 알려진다면 프로이센 군은 총공격을 해 올 것이라는 말도……."
 고개를 든 그녀의 두 눈에서 눈물이 쏟아져 내렸다.
 "저는 제가 한 일을 후회하지 않습니다. 전 폐하께서 아기일 때부터 곁에서 함께한 사람입니다. 제 목숨보다 폐하가 소중합니다. 어디서 왔는지 모를 아이보다 이 나라가 더욱 중요합니다."
 노이호프 부인의 말에 테리는 아무 말도 하지 않았다. 그녀가 항상 자신을 엄하게 다루고 교육했지만 그건 그녀를 사랑해서 한 일이었다는 걸 아이를 낳은 후에야 깨달았기 때문이다. 그리고

7장

그녀가 자신의 아이들을 얼마나 아끼고 사랑하는지도 잘 알고 있어 그녀에게 아이들의 교육 일부를 맡기기도 했다. 또 조약처럼 중요한 일에 의지가 되는 한 사람으로 부인을 동행시킨 것이었다. 그런데 그녀의 자신에 대한 애정이 이런 일을 낳으리라고는 전혀 상상도 할 수 없었다. 또 하나, 어째서 키르히아이젠이 노이호프 부인을 협박해 온 것인지도 알 수 없었다.

'내가 또 사람을 잘못 본 것일까? 아버지가 돌아가신 후로 너무도 많은 배신이 주위에서 일어났는데 다니엘도 그들과 다를 바 없는 걸까?'

어쩐지 테리는 그의 배신을 인정하고 싶지 않았다. 답답해진 테리는 의자에서 일어나 방을 서성였다.

아인이 슐레지엔에 있는 프리드리히에게 납치돼 그곳에 있다면 영토탈환을 위한 프로이센 군과의 전면전은 이제 무리한 일이다. 아인의 안전을 누가 보장해 준단 말인가? 혹여 프리드리히가 아인을 앞세워 슐레지엔을 넘어온다면 자신이 어떻게 방어해야 할지 알 수 없었다. 국가는 물론 자신의 이기심으로 먼 곳에서 데려온 친구도 모두 소중했다. 그녀는 창가에 놓인 큰 소파에 앉아 시름과 싸우고 있었다.

"하아!"

두 손으로 얼굴을 감싸고 다시 깊은 한숨을 내뱉었다.

똑똑.

조용히 열린 문틈으로 스테판이 고개를 내밀고는 이내 집무실

안으로 들어왔다. 그의 손엔 와인이 들려 있었다.

"잠을 못 이루는 것 같아서요. 이러다 당신 몸이 상할까 걱정입니다."

정교한 세공이 된 은잔에 붉은 빛의 와인을 따라 근심에 가득 찬 부인에게 건넸다.

"드세요. 잠을 이룰 수 있을 겁니다."

"……."

스테판은 테리의 앞에 무릎 꿇고 앉아 고개 숙인 그녀의 얼굴을 올려보았다.

"너무 걱정 말아요. 아인은 현명한 여인이니 분명 위기를 잘 극복할 겁니다. 자신을 걱정하느라 당신이 기운을 잃는 것은 그녀도 바라지 않을 거예요. 그러니 기운을 차리고 그녀가 그곳에서 무사히 빠져나올 수 있도록 방법을 찾아봅시다."

스테판은 테리의 볼을 가볍게 어루만져 주었다.

"꽤나 고집스럽게 구는군. 오늘도 안 먹을 텐가?"

의연하게 탁자에 앉아 식사 준비를 하며 프리드리히가 물었다. 아인은 잠시 그를 노려보았다가 앞에 놓인 음식들을 신경질적으로 먹기 시작했다. 그 모습에 프리드리히는 조금 놀란 표정을 지었으나 이내 유쾌하게 웃었다. 그리고는 아인이 식사하는 모습을 그저 바라만 보았다.

"먹는 거 처음 봐요? 식사나 하시지요? 시선이 불편합니다."

"이제 나에게 미래의 일을 이야기해 줄 생각이 들었나?"

"무슨 이야기를 듣고 싶으세요?"

"뻔하잖아? 내가 앞으로의 전쟁에서 이길 수 있는지, 어떻게 하면 더 많은 영토를 얻을 수 있는지 하는 것들이지."

그의 말에 아인의 목으로 채 씹지도 않은 굵은 감자가 꿀꺽 넘어갔다.

"콜록콜록!"

아인이 입을 막고 고통스럽게 기침을 해 대자 프리드리히가 그녀 쪽으로 다가와 등을 두드려 주었다. 기침이 계속 되는데도 그녀는 프리드리히의 손을 거부했다.

"손, 콜록~ 치워요! 콜록콜록! 괜찮으니까!"

아인의 말에 그는 어깨를 으쓱해 보이며 자리로 돌아갔다.

"하아! 좀 전의 그 말은 슐레지엔을 넘어 오스트리아로 더 침략해 들어가겠다는 뜻인가요?"

"슐레지엔을 얻는다면 전쟁을 더 할 필요가 없다고 생각했는데 그 생각이 바뀌었어."

그는 포도주를 따르며 말을 이었다.

"승리가 확실하다면 두려울 게 없지. 너는 내가 이길지 아닐지 그것만 이야기해 주면 돼."

"그 답은 지금 해 줄 수 있겠군요."

아인은 침착하게 먹는 걸 멈추고 입가를 닦았다. 그리고 등을 똑바로 세운 뒤 바르게 앉아 그의 눈을 마주 쳐다보며 말했다.

"더 이상 욕심을 부리지 않는 게 좋을 거예요, 프리드리히."

몇 초간의 침묵이 흘렀다. 프리드리히는 의기양양했던 좀 전과는 상당히 다른 표정을 지었다. 무언가를 말하려고 입술을 꿈틀거리자 아인은 그대로 일어나 문으로 걸어갔다.

"무슨 뜻이지?"

"말 그대로예요. 자신이 어떻게 돼도 상관없다면 말리진 않아요."

"홋~ 좀 이상하군. 당신의 태도를 볼 땐 내가 미워 죽겠는 것처럼 보이는데 내 안위를 걱정하다니 말이야?"

"난 그저 사람이 죽는 게 싫을 뿐이에요."

아인의 말에 프리드리히는 크게 놀라 자리에서 벌떡 일어나 아인의 어깨를 세게 잡았다.

"내가 죽는다는 소린가?!"

"아파요."

그는 고통에 일그러진 아인을 무서운 눈으로 노려보았다. 심장까지 얼어붙을 것 같은 차가움이었다.

"제길!"

프리드리히는 아인을 팽개치듯 놓아 주고는 먼저 방을 나섰다. 하지만 아인은 몸의 떨림이 멈추지 않아 휘청거리며 탁자를 짚었다. 그 바람에 그만 그릇이 바닥으로 떨어져 큰 소리를 냈.

문 앞에 대기하고 있던 다니엘이 급하게 들어와 아인을 부축해 의자에 앉혔다.

"무슨 일이십니까?"

"괜찮아요. 조금 놀라서 그런 것뿐이니까."

아인의 말에 프리드리히는 치밀어 오르는 화를 삼키기 위해 집무실을 서성거렸다. 그녀의 말을 되짚어 보면 자신이 오스트리아와 전쟁을 계속할 경우 패배는 물론이거니와 목숨을 잃을 수도 있다는 말이었다.

초조함이 온몸을 휘감았다. 죽음의 공포가 엄습해 그를 더더욱 초조하게 만들었다. 갑자기 친구의 목이 떨어져 나가는 장면이 머릿속에서 반복되었다. 눈앞에서 친구 카테가 참수되는 끔찍한 장면을 본 적이 있었다. 자신을 돕다 전왕의 미움을 사 당한 일이었다. 그때의 기억이 불현듯 그를 괴롭혀와 죽음에 대한 공포에 시달려야 했다.

"그녀의 말을 믿으십니까?"

"미하엘."

"그녀의 말이 진실인지, 그녀가 정말 미래에서 왔는지 시험해 보는 것은 어떻겠습니까?"

프리드리히는 내심 초조함에 긴장하고 있었다. 오스트리아와 전투가 곧 시작될 것이기 때문이었다. 그는 미하엘의 충고대로 여러 번 치러진 전쟁에 대해 아인에게 질문한 적이 있었다. 모두 오스트리아와 관련된 전쟁의 승패에 관한 것이었는데 대부분이 그녀가 말한 대로 오스트리아의 승리로 이어졌다.

7장

아인은 그의 질문에 항상 "그들이" 또는 "그녀가 이길 거예요."
라고 말하고는 천사처럼 미소를 지었다. 그 미소는 점점 더 프리
드리히에게 전쟁에 대한 불안감을 가지게 만들었다. 연승으로 사
기가 오른 오스트리아 군이 북상해 오고 있었다. 어렵게 얻은 슐
레지엔을 다시 빼앗길지도 모를 일이었다.

"이번 전투는 어떻게 되지? 우리 군이 승리할 수 있겠나?"

"그렇게 일일이 나에게 물어가며 불안한 전투를 하느니 차라리
안하는 게 낫지 않겠어요?"

"대답이 영 시원찮군."

다니엘에게서 이번 전쟁의 승패는 도저히 가늠할 수 없다는 이
야기를 전해 들었다. 때문에 어떻게 대답하면 좋을지 몰라 얼버
무렸다.

"그렇다면 이 질문은 어떨까? 나는 어떻지? 무사히 돌아올 수
있을까? 큰 부상 없이 말이야."

"그건……."

아인은 이 전쟁에 대해 아는 바가 전혀 없었다. 그녀가 아는 것
이라고는 테리에 관한 약간의 지식뿐이었다. 전쟁의 역사는 들어
본 적도, 배운 적도 없었다. 어떻게 대답하면 좋을지 몰랐지만 그
를 몰아세워 불안감을 갖게 만들어야 했다. 초조와 불안, 긴장은
모든 일을 그르치기 때문이다.

"대답하지 않겠어요."

"어째서?"

"다른 사람의 불행을 이야기하는 걸 좋아하지 않기 때문이에요."
"무슨 뜻이지?"
아인의 말에 프리드리히가 크게 흔들렸다.
"말 그대로, 부디 몸조심하시길."
아인은 말을 마치고 프리드리히의 방을 나섰다. 문 앞에 다니엘이 기다리고 있었다. 어째서인지 다니엘의 얼굴을 보니 마음이 조금 놓였다. 프로이센의 영웅 앞에선 떨지 않고 침착하게 말했지만 속으로는 그녀 역시 불안해하고 있었기 때문이었다. 다니엘이 부축해오자 그의 온기가 전해져 왔다. 그래서인지 긴장되어 팽팽했던 신경이 누그러지는 것을 느꼈다.
이번에도 오스트리아가 전쟁에서 승리하기를 아인은 간절히 바랐다. 어찌됐든 자신이 냉정하게 전쟁을 치러내는 프리드리히를 흔들었기를, 그래서 테리가 조금 더 쉽게 이겨 나가길 바랐지만 바람은 이루어지지 않았다. 수어 전투에서 프로이센이 오스트리아를 대파한 것이다. 그러나 승리의 기쁨에 젖어야 할 궁이 술렁거렸다. 프리드리히 대왕이 부상당했다는 소식 때문이었다.
아인은 심장이 쿵쾅거리며 식은땀이 흘렀다. 마치 자신이 한 말 때문에 다친 것 같아 더욱 속이 울렁거렸다. 오스트리아가 보헤미아로 퇴각하고 전쟁이 소강상태에 이르렀을 때 프리드리히가 어깨에 총상을 입고 궁으로 돌아왔다. 아인은 알 수 없는 죄책감과 불안함에 여전히 힘들어 하고 있었다.
"얼굴이 좋아 보이지 않는군."

7장

"좋아하지 않는다고 했잖아요. 다른 사람의 불행 같은 건!"

프로이센의 국왕은 이번 전투에서 입은 상처를 흘끗 보고 별거 아니란 듯 웃어 보였다.

"어쨌든 당신이 말한 대로 됐군. 전투에서 다친 적은 거의 없는데 말이야."

"……."

"그래서 말인데 당신은 계속 내 곁에 있어야 되겠어."

"에?"

"그대에게 흥미가 생겼거든."

그 자리에서 국왕의 말을 들은 모두는 경악을 금치 못했다. 젊은 왕 프리드리히는 여자에게 관심이 없기로도 꽤 유명했기 때문이었다. 그런 그가 매일 아인과 식사를 하고 이야기를 나누는 것도 신기했는데 이젠 직접적인 발언까지 서슴지 않고 해 버렸다.

"웃기지 말아요!"

아인은 방으로 돌아오면서 그의 부상에 죄책감을 가진 자신이 너무도 바보 같다고 생각했다.

"약속 지켜 줄 거죠?"

"어떻게 해서든……."

자신의 방문 앞에 서서 그의 약속을 다시 확인했다. 방으로 들어온 아인은 그대로 침대에 몸을 맡겼다. 국왕의 호감을 얻는 것이나 자신을 믿게 만드는 것은 성공했지만, 자신의 말 때문에 다친 것 같다는 생각과 자신을 향한 프리드리히의 커다란 호감이 여전히 아인의 마음을 무겁게 했다. 그녀는 베개에 얼굴을 묻고 이 방에서 있었던 지난 일을 떠올렸다.

"그런 행동은 당신에게도 당신의 친구에게도 좋지 않습니다."
 아인이 며칠간 아무것도 입에 대지 않고 있을 때 따뜻한 수프를 가져와 탁자에 놓으며 다니엘이 한 말이었다.
 "프리드리히 전하는 정말 남하를 할 생각에 있습니다. 이대로라면 오스트리아는 정말 위험해집니다. 아마도 여왕께서는 그의 군대를 막지 못하실 테니까요."
 "내가 지금 무엇을 할 수 있다는 말이에요?"
 "전하가 당신에게 가지는 가장 큰 흥미는 당신이 미래에서 온 사람이라는 것입니다. 그렇다면 당신은 그를 막을 방법도 충분히 생각해 낼 수 있으리라 판단했습니다."
 아인은 다니엘의 말을 신중히 되새겨 보았다. 미래를 알고 있다는 사실만으로 어떻게 타인의 생각과 행동을 바꿀 수 있을지 곰곰이 생각했다. 순간 묘한 생각 하나가 머리를 스쳤다.
 '아! 어쩌면?'
 길을 가던 사람이 이 앞의 길이 막혔는지 미리 가 본 사람에게 물었을 경우로 비유한다면, 앞서 가 보았던 사람은 질문자에게 어떤 대답도 해 줄 수 있다. 진실이든 거짓이든 협박이든.
 "━━━━━!"
 "뭐라고 하셨습니까?"

7장

아인은 테레지아가 결국 합스부르크의 진정한 후계자로 훗날 존경받는 여왕이 될 거라고 말했는데 다니엘은 알아듣지 못했다.

"프로이센의 국왕은 죽어요."

"네에?!"

"─────!"

다니엘의 표정이 의문으로 가득 찼다. 지금은 분명 프리드리히가 오스트리아와 전쟁을 치르다 전사한다고 해 보았다. 물론 그건 거짓이었다. 사실을 말해도 거짓을 말해도 들리지 않지만 누구나 알 수 있는 진실을 말하는 것은 통한다는 것을 아인은 깨달았다.

'프로이센의 국왕은 죽는다.' 는 간단한 삼단논법으로 이해해 볼 수 있다.

'인간은 모두 죽는다.' 는 대전제이고 '프로이센의 국왕은 인간이다.' 는 소전제이다. 소전제는 대전제에 속한다. 따라서 '프로이센의 국왕은 죽는다.' 라는 결론도 얻을 수 있다.

이제 이것을 잘 이용하면 그가 오스트리아로 남하하려는 생각을 버리게 만들 수 있지 않을까? 아인의 머릿속이 뱅글뱅글 돌기 시작했다.

"그리고 제발 이같이 건강을 해치는 행동은 말아 주십시오."

다니엘이 진지한 눈으로 아인을 응시하며 말했다.

"약속드리겠습니다. 당신을 이곳으로 데려온 것이 저인 만큼 그분 곁으로 무사히 돌아갈 수 있도록, 반드시 꼭 그렇게 되도록 하겠습니다."

"이미 한 번 주군을 배신한 사람의 약속을 내가 믿을 거라 생각하나요?"

아인의 말에 다니엘의 눈동자가 크게 흔들렸다. 상처 입은 동물과도 같은 눈동자였다.

"제가 이곳으로 당신을 안 좋은 방법으로 모신 것은 모두를 위한 최선의 방법이라고 생각했기 때문입니다. 제가 이 약속을 지킬 수 있도록 아인님이 부디 건강을 잃지 않으시길 바랍니다."

진지한 어조와 눈빛이었다. 이곳에서 아인이 믿을 만한 사람은 아이러니하게도 다니엘뿐이었다.

"좋아요. 다시 당신을 믿어 보도록 하지요."

그날 밤부터 아인과 다니엘의 프로이센을 막기 위한 작전이 시작되었고 프리드리히의 질문에 다니엘이 수집해 온 정보를 토대로 애매하게 답했다.

"승리는 그들의 것이에요." 또는 "그녀가 이길 거예요." 처럼 주어는 불분명했지만 받아들이는 프리드리히의 입장에선 모두 오스트리아 또는 테리가 되는 말들이었다. 그리고 어째서인지 그녀가 말한 대로 오스트리아는 승리를 이어갔다. 하지만 그 모든 것이 도리어 아인을 궁지로 몰아넣었다.

'나를 분명 테리의 곁으로 보내 주겠지요?'

아인은 문밖 맞은편 방에서 자신을 지키고 있을 다니엘을 생각했다. 예전 영국에서 만난 다니엘과는 상당히 다른 사람인 그를.

7장

다니엘 역시 맞은편 방에 있을 아인을 생각하고 있었다. 프리드리히의 예상 밖 발언에 정신이 혼미해질 정도로 아찔한 기분을 느꼈다. 그 기분은 그녀를 이곳에서 하루빨리 데리고 나가고 싶은 충동을 더욱 부추겼다. 어서 아인 곁에서 프리드리히를 떼어 놓고 싶었다.

'계획만 차질 없이 진행 된다면…….'

다음 날 아인은 거북한 얼굴로 프리드리히의 이야기를 듣고 있어야 했다. 문학이나 즐기는 음악 이야기 또는 소설 이야기 같은 것들을 그는 종종 아인에게 들려주고 싶어 했다. 그렇게 몇 달이 흘렀다. 평화로운 일상 같았지만 신하들이 전하는 이야기는 무겁고 심각한 것투성이었다. 온통 전쟁 이야기와 국정 이야기뿐이었다.

"언제까지 방어만 하고 계실 생각이십니까? 저 오합지졸인 오스트리아 군 따윈 명령만 내리시면 언제든 함락시킬 수 있습니다."

얼굴이 벌겋게 달아오른 극우파의 장군이 말했다. 프리드리히는 묵묵히 그 말을 듣고 있다가 아인을 쳐다보았다. 그녀는 순간적으로 긴장하고 말았다. 그녀는 늘 프리드리히에게 만약 오스트리아에서 손을 내밀어 온다면 그 손을 잡으라고 충고했다. 그러는 것이 신상에 좋을 것이라는 말도 빼놓지 않았다.

사실 프리드리히도 더 이상의 전쟁이 불필요하다고 느꼈다. 순간적으로 '오스트리아를 침략해 그 넓고 비옥한 땅을 얻을 수 있다면' 하는 욕심도 들었지만 아인의 말을 들어 보면 자신의 욕심은 화근이 될 수도 있다는 생각이 점점 크게 자라났다. 게다가 오스트리아를 지지하고 있던 영국이 프랑스와의 전쟁을 승리로 이끌면서 프랑스의 지원이 약해진 것이 마음에 걸리기도 했다.

얼마 뒤 아인의 예언처럼 오스트리아에서 강화를 제의해 왔다. 그는 선뜻 그 신청을 받아들였다. 이번 제의로 그는 테리가 확실히 슐레지엔을 포기하도록 만들 생각이었다.

"이쪽으로 어서!"

해가 뜨기 시작한 어슴푸레한 새벽, 두 남자가 행렬을 이탈해 숲으로 달려가고 있었다. 행렬 대부분의 사람들은 잠에 취해 누구도 그들이 빠져나가는 것을 알지 못했다.

한 남자가 헐렁한 옷 때문에 자꾸만 발걸음이 늦었다. 앞서 걸으며 상황을 살피던 남자가 뒤처진 남자의 손을 잡아끌었다. 매우 초조해 보이는 얼굴이었다.

'이 숲을 지나 조금만 아래로 내려가면 작은 도시가 나온다. 거기서 말을 빌려 반나절만 달리면 오스트리아의 진영. 저들이 눈치 채기 전에 한시라도 빨리 이곳에서 벗어나야 해.'

뒷사람의 손을 잡은 남자의 걸음이 점점 빨라졌다. 두 사람이 소도시에 도착한 것은 정오가 되기 전이었다. 근처 여관에서 간단히 식사를 마치고 말을 빌려 떠나려는 순간 갑작스런 돌풍이 불어 두 남자 중 체구가 작은 사람의 모자를 날려 버렸다. 그 바람에 검은 비단 같은 머리카락이 흩어져 빛을 발했다. 아인이었다. 몇몇 사람들이 그녀의 머리카락을 감탄스러운 듯 바라보았다.

7장

"이런!"

아인을 말에 태우던 남자는 급하게 자신의 모자를 벗어 그녀에게 씌웠다. 가는 금발이 빛처럼 반짝거린다. 그는 다름 아닌 다니엘이었다. 두 사람이 서둘러 말을 몰아 여관을 빠져나갈 때 누군가 다니엘의 이름을 부르는 것 같기도 했지만 곧 말을 모는 소리에 파묻혔다.

요안나는 자신의 눈을 믿을 수가 없었다. 지금 슐레지엔에 있어야 할 다니엘이 검은 머리의 여인과 함께 분명 이곳에 있었다. 그처럼 아름다운 비단 같은 머리카락을 가진 사람을 그녀도 잘 알고 있었다. 바로 아인 리. 그런데 그 두 사람이 방금 자신이 묵고 있는 이곳에서 말을 몰아 가 버린 것이다. 큰 소리로 다니엘의 이름을 불렀지만 듣지 못했는지 그대로 사라져 버렸다. 요안나는 다니엘을 만나기 위해 위험을 무릅쓰고 프로이센으로 가던 중이었기 때문에 지금 벌어진 상황이 더욱 믿기지 않았다.

그 무렵 프리드리히는 테리와 다시 강화조약에 대해 이야기를 나누고 있었다. 그 조약에는 '슐레지엔을 영구히 프로이센에 할양한다.'는 내용이 담겨 있었다.

"내가 이 증서에 서명하기 전에 당신이 내 요구를 먼저 들어 주세요."

테리가 말했다.

"첫 번째, 나의 오스트리아에 대한 계승권과 프란츠 스테판의 신성 로마제국 황제의 지위를 인정할 것!"

"그리고?"

"두 번째, 반(反)합스부르크 동맹에서 즉시 탈퇴할 것!"

프리드리히는 강한 어조로 말하는 테리의 두 눈을 바라보았다. 이 약속을 하지 않는다면 전쟁을 계속 이을 태세였다. 물론 승산은 자신에게 있다고 생각했다. 하지만 이제 전쟁이 조금 지루하다고 느끼고 있었다. 가장 염원했던 영토를 이 조약으로 확실히 얻을 것이었고 이미 프로이센으로 떠난 아인 일행을 따라가고 싶은 마음도 강하게 들었다.

"좋소! 내 약조하리다."

"좋아요. 그럼 서명하지요."

두 정상 간의 조약이 순조롭게 마무리되고 테리는 오스트리아 진영으로, 프리드리히는 자신의 진영으로 돌아왔다. 그 때 보좌관이 급한 전갈을 가지고 막사 안으로 들어왔다. 전갈을 확인한 프리드리히의 표정이 사뭇 달라졌다. 그리고 보좌관과 몇 명의 군사를 급하게 이동시켰다.

7장

"힘내십시오. 조금만 더 가면 됩니다."

말을 달리는 것은 생각보다 체력이 많이 소모됐다. 그런데 한시도 쉬지 않고 말을 달리다 보니 지치지 않을 리가 없었다. 추격자를 생각하면 조금이라도 더 가고 싶은 다니엘이었지만 결국 말을 근처 숲으로 몰았다. 아인의 상태가 나빠 보였기 때문이었다.

"괜찮아요, 어서!"

아인이 숨을 헐떡이며 이야기했다.

"이 정도면 추격자들에게 따라잡히기 전에 오스트리아 진영으로 들어갈 수 있을 겁니다. 잠시 쉬어도 될 듯합니다."

다니엘은 아인을 그늘진 나무 아래 앉혀 놓고 물을 건넸다.

"고마워요. 당신이 약속을 지키지 않으면 어쩌나 걱정했는데……."

아인이 물주머니를 다시 다니엘에게 주며 말하자 그는 어딘지 괴로운 얼굴을 했다.

"아닙니다. 원래대로라면 당신은 이곳에 계시지 않아도 되는 것인데, 제가……."

"그렇군요."

아인이 쉽게 수긍하자 다니엘은 이내 입을 다물어 버렸다.

"이렇게 빨리 진행될 거란 생각은 전혀 못했어요."

"프로이센으로 가게 되면 더 나오기 힘들어질 테고, 지금은 프리드리히 전하도 안 계신 상황이었으니 최상의 조건이었습니다."

"네, 이유는 그것뿐인가요?"

"네?"

이유를 알고 나니 어딘지 섭섭한 생각이 들어 자신도 모를 질문을 내뱉었다. 연신 말을 달려서인지 발갛게 달아오른 그의 얼굴을 보니 영국에서 만난 데니가 떠올랐다.

"아니에요. 당신은 내가 아는 사람과 정말 닮았어요. 같은 사람이라고 해도 좋을 만큼. 그래서 미워할 수가 없어……."

쌀쌀한 가을바람이 불어와 두 사람 사이를 가르고 지나 아인의 입을 막아 버렸다.

"이제 충분히 쉬었어요. 그만 출발하죠?"

아인은 훌쩍 말에 올라 고삐를 돌렸다. 다니엘은 아무것도 묻지 못하고 아인의 뒤를 따라 말을 몰았다. 이제 두어 시간 후면 오스트리아로 돌아갈 것이다.

아인은 한참을 달려 테리와 점점 가까워진다고 생각하니 기분이 상당히 좋아졌다.

"이제 곧 테리를 만나겠네요. 아, 돌아가면 테리에게 당신을 벌 주라고 해야……!"

아인은 말 달리던 것을 멈췄다. 그녀는 놀란 눈으로 자신에게 다가오는 다니엘을 바라봤다.

"그럼 당신은 어떻게 되는 거죠? 생각해 보니 전에 당신 스스로 자신을 배신자라 불렀잖아요? 그때는 돌려보내 주겠다는 약속 때문에 미처 생각지 못했는데 오스트리아로 돌아가면 당신은 위험한 것 아닌가요?"

"……."

다니엘은 아무 말도 하지 않고 아인이 탄 말의 고삐를 잡아 다시 걷도록 유도했다.

대답 없는 그를 보면서 아인은 무척 불안한 마음이 들었다. 자신을 돌려보내기로 한 약속은 다니엘에게는 상당히 위험한 일이다. 오스트리아로 돌아가면 죄인이 될 테고 이 상태론 프로이센

7장

에 남아도 마찬가지일 것이다.

"대답해요!"

아인은 다니엘의 팔을 잡아 자신을 보도록 만들었다. 그녀의 두 눈에 분노가 어렸다.

"괜찮습니다. 제 잘못이고 제가 지은 죄이니 벌을 받는다 해도……."

"반역죄잖아? 어떤 벌을 받을지도 모르는데 괜찮다니!"

체념한 것 같은 다니엘의 발언에 아인은 머리끝까지 화가 났다. 자신과 한 약속 때문에 생명을 잃을 수 있는데도 불구하고 이렇게 아무렇지 않게 말하는 것이 참을 수 없었다.

"안 되겠어, 돌아갈래!"

고삐를 되돌리려 하자 강한 다니엘의 외침이 들렸다.

"그만 둬!"

그는 아인의 행동을 저지하며 잠시 숨을 골랐다.

"아까 이유를 물었지? 그것뿐이냐고. 아니 한 가지 더 있어. 당신을 그곳에, 프리드리히의 곁에 두고 싶지 않아. 내 욕심으로 당신을 그곳에 데려갔지만 그가 당신을 보는 눈이 싫어! 곁에 두고 싶다는 말을 들었을 때는 심장이 멎는 줄 알았지. 그때 생각했어. 어떤 벌을 받아도 상관없다고! 죽어도 괜찮다, 그래 그래서 당신을 데리고 나온 거야. 그게 가장 큰 이유야! 그러니 당신을 오스트리아로 데려가기로 한 약속을 지키게 해 줘."

"다니엘!"

"추격자다. 말을 몰아, 어서!"

멀리서 한 무리의 급하게 달리는 말발굽 소리가 들리는 것을 아인도 알아챘다.

"하지만……."

"달려! 이제 와서 그래도 소용없어. 이제 난 어디로 가든 똑같은 입장이야!"

다니엘은 아인이 탄 말의 엉덩이를 채찍으로 세게 내리쳤다. 말이 크게 소리를 지르며 빠르게 달렸다. 한참 후 다니엘은 무너지고 오래된 성터가 있는 곳에 말을 세웠다. 그곳엔 커다란 나무와 풀들이 무성히 자라있어 숨기에 최적의 장소였다. 하지만 추격자들을 완전히 따돌린 것은 아니었다.

"이곳에 계십시오. 곧 오스트리아의 트라운 장군이 모시러 올 겁니다."

"당신은?"

"추격자들을 따돌려야지요."

다니엘은 생각보다 빨리 나타난 추격자 때문에 적잖이 놀랐다. 시간상으로 본다면 그들은 프리드리히가 있는 진영에서 파견된 군인들일 것이다.

'어떻게 알고 길목에 나타난 걸까? 말을 빌린 도시에서 들은 요안나의 목소리가 환청이 아니었던 것 같군. 그녀가 그곳에서 프리드리히에게 전갈을 보냈다면 빙 돌아온 자신들을 따라잡는 것은 충분히 가능하고도 남을 테니!'

"이제 그만 가겠습니다. 부디 몸조심 하시기를!"

미소를 지으며 당당하게 말하는 다니엘의 소매를 아인은 놓지 않았다.

"싫어요, 같이……."

"같이 있을 순 없습니다. 저 혼자 추격자들을 상대로 싸움을 벌이기엔 승산이 없으니 따돌리는 것이……!"

다니엘은 말을 이을 수 없었다. 아인의 큰 눈에서 눈물이 쏟아져 내렸기 때문이다.

"싫어."

아인이 고개를 가로저었다. 이대로 그를 보내면 다신 볼 수 없을 것 같은 생각이 들었다. 게다가 상황이 너무 위험했다.

"제가 프로이센의 손에 잡힐 것 같아서 그러십니까? 걱정 말아요. 어떤 벌을 받더라도 반드시 당신을 만나러 돌아갈 테니 말입니다."

"나를 만나러?"

다니엘은 아인의 눈물을 닦아 주고 흐트러진 머리카락을 뒤로 넘겨 주었다.

"아아! 아까 마음에 담아 둔 말을 다해서 그런지 속이 후련하군요."

자신의 소매를 꽉 쥔 채 눈물을 멈추지 않는 아인의 눈을 마주하던 다니엘은 그녀의 입술에 가볍게 입 맞추었다. 놀란 아인이 순간적으로 손을 놓자 다니엘은 그녀의 손이 닿지 않을 정도로 거리를 두었다.

"레이디 아인, 당신을 좋아합니다. 아마도 처음 본 그 순간부터."

7장

노을빛을 받으며 환하게 미소 짓는 얼굴을 아인은 처음 보았다. 온 마음을 다 표현한 듯한 그 모습을 평생 잊을 수 없을 것 같았다. 다니엘은 순식간에 멀어져 갔다. 그의 모습을 더 보기 위해 몸을 일으키려 할 때 "저쪽이다!"라는 외침이 들려 아인은 몸을 최대한 움츠렸다. 울음소리조차 내지 않으려 두 손으로 입을 꼭 막았다.

한 무리의 집단이 다니엘이 사라진 방향을 뒤쫓은 지 얼마 지나지 않아 자신을 부르는 작은 목소리가 들려왔다.

"아인님? 아인님!"

낯이 익은 목소리였다. 몸을 일으켜 자신을 찾는 사람들을 향해 조심스럽게 나갔다.

"아인님!"

정말 오랜만에 보는 오스트리아의 군복, 트라운 장군이었다. 그와 함께 온 몇 명의 군인과 성터를 떠나려는 순간 멀리서 총소리가 들려왔다. 다니엘이 떠난 방향이었다.

8장 합스부르크-로렌 왕조의 시작

Maria Theresia

"아인!"

테리가 아인이 쉬고 있는 천막 안으로 뛰어들었다. 간이침대 위에 누워 있는 아인을 본 테리는 그녀를 힘껏 부둥켜안았다. 아인도 테리를 안고 펑펑 울어 댔다. 몇 년 만에 다시 만난 테리에 대한 반가움보다 다니엘의 생사가 더욱 걱정되었다.

"다니엘이……."

주위에 있던 신하들이 하나둘 자리에서 물러나 주었다.

"이야기 들었어. 괜찮을 거야. 그러니 아무 걱정 말고 쉬도록 해. 그게 좋겠어."

다니엘은 근처 숲에서 총을 맞은 상태로 발견되었다. 발견된 곳은 오스트리아의 영지라 프로이센 군은 퇴각한 후였고 큰 충돌은 없었다. 총에 맞은 데다 말에서 떨어진 충격까지 더해져 다니엘의 상태는 좋지 않았다.

아인이 오스트리아의 진영으로 넘어간 것을 알게 된 프리드리히는 큰 충격을 받았지만 이내 평정심을 되찾았다. 이미 강화조약을 맺은 오스트리아에게 아인을 내 놓으라고 할 수도 없었다. 만약 그렇다면 자신이 먼저 아인을 납치한 것을 인정하는 꼴이 된다. 그렇다고 전쟁을 일으킬 수도 없다. 게다가 조약을 마치고 난 후 그들은 오스트리아의 영지로 들어가 다니엘을 쏘아 버렸다.

"어쩔 수 없군. 운이 안 따르는 건!"

그는 체념한 듯 말했지만 두 눈은 결코 포기하지 않은 것 같았다.

아인은 빈으로 출발하기 전 다니엘의 숙소를 찾았다. 붕대에 감긴 머리와 팔이 눈에 들어왔다.

"좀 어때요? 괜찮아요?"

아인의 질문에 다니엘은 팔을 들어 보였다.

"보시다시피 조금 불편한 정도입니다. 다 나으려면 시간이 좀 더 걸리겠지만……."

어색한 침묵이 두 사람 사이를 오가자 둘은 서먹서먹한 미소만을 지었다.

'아우, 불편해. 나가 버릴까?'

아인의 마음속이 복잡스러웠다. 서먹한 미소를 띠고 있는 것이 영 불편하지만 어쩐지 나가기도 싫었다. 그 때 테리가 막사로 들어왔다.

"몸은 좀 어떠한가?"

"많이 좋아졌습니다."

"흠! 지금 잘 쉬어 두는 게 좋겠지. 호프부르크로 돌아가면 편히 쉴 날이 없을 테니 말이야."

그 말에 아인은 깜짝 놀랐다. 자신을 납치하고 여왕을 배신한 일로 그가 벌을 받을 것이 분명했기 때문이었다.

"그럼 편히 쉬도록……."

여왕이 방을 나서자 아인은 급하게 그 뒤를 따랐다.

"저, 테리. 하고 싶은 말이 있는데?"

"무슨?"

8장

"그게, 키르히아이젠 경을……."

다니엘을 용서해 달라는 말이 목구멍까지 올라왔지만 입 밖으로 나오진 않았다. 아인의 마음을 눈치 챘는지 테리는 주위사람을 물리고 조용한 장소로 아인을 데려갔다.

"내가 다니엘에게 벌을 내릴까 봐 걱정하는 거야?"

"그렇지 않아? 그 사람 너를 배신하고 나를……."

"그날 네가 없어지고 많은 일이 있었지. 노이호프 부인이 네가 프로이센에 넘어간 걸 이야기하고 죄를 청했어. 다니엘이 그녀의 목에 칼을 겨눴다는 말을 들었을 때는 온몸의 피가 거꾸로 솟는 것 같았지.

그런데 그의 막사를 뒤졌을 때 그의 짐에서 미하엘이 다니엘에게 보낸 편지의 일부도 들어 있었어. 그걸 보고 난 많은 것을 알게 되었지."

"무슨 말이야?"

"미하엘의 편지엔 '프로이센의 국왕이 내 나라인 오스트리아로의 남하를 계획하고 있다. 그리고 그곳에 있는 이국 아가씨에게 매우 큰 관심이 있다. 아마도 전쟁의 원인은 아인이 될지도 모른다.' 라고 적혀 있었어."

"뭐?"

아인은 정말 놀랐다. 자신이 원인이 되어 전쟁이 벌어질 수도 있었다니 믿을 수 없었다.

"네가 미래에서 왔을지도 모른다는 이야기를 첩자한테 전해 들은 뒤로는 호기심이 더 커졌다는 이야기도 있었어."

"난 그저 네게 용기를 주려고!"

"알고 있어. 하지만 네겐 여러 가지 묘한 매력이 있으니 그 말이 크게 와 닿았겠지. 첩자에게도 프리드리히에게도 말이야."

테리는 프리드리히라고' 말할 때 이를 부득 갈았다.

"건방지게도 다니엘은 프로이센과의 전쟁이 내게 불리할 거라고 생각한 것 같아. 그들은 다니엘에게 만약 너를 데려온다면 전쟁은 피해 볼 수도 있다고 말했어. 그러니 다니엘의 최선의 선택은 널 데리고 가는 거였어. 나와 나라를 위해서지.

그리고 그가 쓴 편지에는 네가 어쩌면 '프리드리히의 생각을 바꿀 수 있을지도 모른다.'라고 적혀 있었어. 슐레지엔을 되찾을 수 있으면 더 없이 좋겠지만 만약 상황이 여의치 않으면 물러서지 말되 강화를 맺는 쪽으로 결론짓는 것이 어떻겠냐는 건방진 충고까지 친절히 돼 있더군.

그리고 마지막엔 일을 성공적으로 마치면 반드시 널 데리고 돌아오겠다고 썼어. 목숨을 걸어서라도 말이야."

"난 그것도 모르고······."

아인은 다니엘의 마음도 모르고 폭언을 퍼부었던 기억이 떠올라 미안함에 다시 다니엘의 막사를 찾았다. 사과와 고맙다는 인사를 해야 했다.

하지만 아인은 막사 앞에서 걸음을 멈추었다. 막사 안에서 여종이 다니엘에게 음식을 떠먹이는 모습을 보았기 때문이다. 순간 울컥하는 마음에 돌아서려다 마음을 다잡고 막사 안으로 들어갔다. 아인의 깜짝 등장에 다니엘은 수프를 급하게 넘겨 콜록거렸다.

"아, 미안해요. 내가 놀라게 한 모양이에요."

아인은 자신도 놀랄 정도의 살가운 목소리를 내며 다니엘의 옆으로 다가가 앉았다. 그리고 여종에겐 환한 미소를 지어 보이며 말했다.

"여긴 내가 있을 테니 넌 그만 가 봐도 괜찮아."

"예."

여종은 고개를 갸웃거리고는 막사를 나섰다. 계속 콜록거리며 기침을 하는 다니엘에게 아인이 물 잔을 건넸다.

"콜록! 이 꼴로는……."

오른쪽 어깨와 왼손을 다친 다니엘이 두 팔을 내밀어 잔을 받을 수 없음을 보여 주자 아인의 얼굴이 순식간에 달아올랐다. 여종이 음식을 떠먹인 이유도 그 때문이었던 것이다.

"미안해요."

아인은 두 눈을 꼭 감았다.

'아우, 쪽팔려! 내가 무슨 짓을 한 거야.'

"아니요. 괜찮습니다. 죄송하지만 잔을 입에 대 주시겠습니까? 물을 좀 마시고 싶은데."

아인은 머뭇거리다 테리의 어린 딸에게 물을 먹이는 것처럼 조심스럽게 잔을 다니엘의 입에 대 주었다.

"테리에게 이야기 들었어요."

"그러십니까?"

"그렇게 위험한 일을……."

"어쩔 수 없었습니다. 그것이 군주와 나라를 지키기 위해 또한 당신을 지키기에도 최선의 방법이었으니까. 그때로 돌아간다 해도 아마 난 같은 결정을 내렸을 겁니다."

다니엘은 후회 없는 듯한 표정을 지어 보였다. 차갑고 냉정하던 어린 시절과는 전혀 다른 모습이었다.

심장이 빠르게 고동치는 것을 들키지 않기 위해 아인은 다니엘을 두고 막사를 나왔다.

"제가 돌아온 뒤 불명예를 모두 씻는다면 당신 곁에 머무르는 것을 허락해 주시겠습니까?"

며칠 전 프랑스에 빼앗긴 네덜란드를 되찾기 위해 전지로 떠난다는 사실을 알게 된 아인이 다니엘의 방을 찾았을 때 그가 한 말이다. 하지만 아인은 답을 해 줄 수 없었다. 자신은 이곳 사람이 아니었기 때문이다. 그렇다고 안 된다고도 하기 싫었다. 다니엘에 대한 마음과 영국에서 데니의 일과도 겹쳐 보이는 그 모습이 너무나 안타까워 정말 그와 함께하고 싶었기 때문이었다.

"역시 안 되겠습니까?"

"나는, 나는……."

어떻게 대답하면 좋을지 몰라 눈물이 날 지경이었다.

"제 경솔한 질문이 당신을 곤란하게 만들었군요."

8장

쓸쓸한 미소를 짓는 다니엘을 보고 아인은 씩씩하게 눈물을 훔쳤다.

"건강하게! 건강하게 다녀오세요. 기다리고 있겠습니다."

"당신이 원하신다면……."

명확하지 않은 대답이었지만 다니엘은 만족스러웠다.

트라운 장군이 이끄는 군대가 떠나는 것을 배웅하고 돌아왔을 때 아인은 자신의 방 침대 위에 에델바이스 꽃다발이 한 아름 놓여 있는 것을 발견하고 울어 버렸다. 다니엘이 남기고 간 것이 틀림없었다. 그렇지만 그 뒤로는 호프부르크 궁전에서 테리를 도와 바쁘게 움직였다.

카를 알브레히트가 사망하고 이제 공석이 된 신성 로마제국의 황제자리에 스테판이 오를 예정이었다. 그 자리를 위해 테리는 슐레지엔을 포기하고 프로이센의 협력을 구한 것이다. 이것으로 8년간 이어오던 왕위계승 전쟁은 끝났고 새로운 합스부르크-로렌 왕조가 시작되었다.

"황제폐하 만세!"

"여왕폐하 만세!"

꽃가루가 온 시가지에 날리며 국민들은 환호했다. 이제 아직 이 땅에 남아 있는 적들을 몰아내는 일만 남았다. 그리고 언젠가는 다시 슐레지엔을 회복할 것이다. 그 때는 지금보다 더욱 강한 군대를 만들어 프로이센에게도 카를 알브레히트가 당한 것처럼 앙

갚음을 해 주겠노라고 황제의 부인은 마음먹었다.

　아인은 에델바이스가 흰 빛을 뿜어내는 꽃밭에 서 있었다. 테리와 처음 만난 쇤부른 궁전의 뒤뜰이었다.
　"이제 이별이구나."
　아인이 말했다.
　"조금 더 있고 싶었는데……."
　"다니엘 때문에?"
　아인의 얼굴이 화끈 달아올랐다. 그는 전장에 나가 있는 내내 아인에게 연서를 보내왔다. 아인 역시 답하는 걸 잊지 않았다. 모든 전쟁이 끝나고 평화가 찾아왔지만 아직 다니엘의 모습은 보지 못했다. 마지막 전투에서 부상을 당해 오스트리아로 돌아오지 못한 것이다.
　"기다리겠다고 했는데. 지난번에도 다니엘이라는 이름을 가진 사람과의 약속을 지키지 못했었어. 그래서 이번에는 꼭 지키고 싶었는데……."
　영국의 데니에겐 말없이 사라지지 않겠다는 약속을 했었는데 지키지 못하고 영국을 떠났다. 이번에도 기다리겠다는 약속을 지키지 못하게 된 셈이다.
　에델바이스가 흰 빛을 강하게 내뿜자 서서히 12살의 어린 아인으로 돌아가고 있었다.
　"이제 돌아갈 시간이야!"

8장

테리가 아인의 이마에 가볍게 입을 맞추었다. 키스를 받으며 감았던 눈을 떴을 때 멀리서 비틀거리며 힘겹게 뛰어오는 사람을 볼 수 있었다.
"다니엘!"
"아인!"
다니엘에게로 달려가고 싶었지만 몸이 움직이지 않았다. 아인

은 자신에게로 달려오는 그를 향해 있는 힘껏 손을 뻗었다. 다니엘 역시 손을 뻗어 왔지만 닿지 않았다. 강한 힘이 자신을 쑥 빨아들이는 느낌을 받으며 아인은 소리쳤다.
 "좋아해요! 좋아해요! 그러니까 나를 찾아와 줘요, 꼭!"
 그에게 자신의 목소리가 닿았는지 알 수 없었지만 희미하게 잃어가는 정신 속에서 테리의 목소리만은 똑똑히 들을 수 있었다.
 "슬퍼하지 마. 다시 만날 수 있을 테니."

눈을 떠 보니 자신의 방 천정이 뽀얗게 보였다. 두 눈 가득 눈물이 고여 있어서였다.

"깨어났구나. 아인아!"

마침 방문을 열고 들어온 엄마가 자신을 부둥켜안고 울며 소리쳤다.

"여보! 여보! 아인이 깨어났어요."

그 소리에 아빠도 달려 들어와 아인을 껴안았다.

'이번엔 또 얼마나 잔거지? 난 이렇게 즐겁고 신나고 가슴 아픈 환상의 세계를 경험했는데 두 분은 아니었겠지.'

"난 괜찮아, 엄마!"

아인이 헤헤 웃으며 말하자 엄마가 강하게 머리를 쥐어박았다.

"아야!"

"얼마나 걱정했는지 알아? 학교 뒤뜰에서 기절한 채 집으로 와서 또 일주일이나 잤어!"

"아니, 그게."

자신의 경험을 이야기해도 엄마가 믿지 않으리라는 생각에 아인은 아무 말도 하지 못했다.

엄마가 한참을 자신의 옆에 있다 나가시자 아인은 빗을 찾았다. 에델바이스가 새겨진 빗은 삼촌이 보내 준 선물상자 옆에 놓여 있었다. 보관을 위해 다시 상자에 넣으려 뚜껑을 열어 본 아인은 깜짝 놀랐다. 상자 안에 에델바이스 생화가 한가득 들어 있었다.

왈칵 눈물이 떨어졌다. 다니엘이 전쟁터로 떠나던 날 자신의 방에 두고 갔던 꽃다발과 똑같았기 때문이었다.

그날 밤.

베스가 준 손거울과 테리의 빗, 에델바이스 다발을 창가에 올려놓고 가만히 바라보고 있을 때 뒤에서 장난스런 목소리가 들려왔다.

"에델바이스의 꽃말은 순수, 중요한 추억이야."

급작스런 황녀의 방문이었다.

"테리!"

다시 만나게 된 테레지아 역시 어린아이 모습으로 돌아와 있었다.

"오랜만이야~ 꺄!"

테리는 아인을 꼭 끌어안고 볼을 비벼 댔다.

"아니, 저, 금방 헤어졌잖아. 응?"

오스트리아를 떠나온 지 얼마 되지 않았다고 생각했는데 테리에게는 몇 년의 시간이 흐른 뒤인 것이었다.

"건강해 보이네?"

"호호! 씹어 먹어도 시원찮을 프리드리히에게 복수할 날이 얼마 남지 않아서 기운차 보일 거야."

황녀의 온몸에서 강한 기운이 느껴졌다.

"참, 다니엘은 잘 있어. 다친 몸도 거의 회복 됐고. 하지만 프로이센과의 전쟁에는 자원하지 않았어. 아마도 형인 미하엘이 거기 있기 때문이 아닐까 싶어."

"전쟁을 또 해?"

"잃어버린 걸 다시 찾기 위한 거야!"

테리는 삐죽거리다 잠시 뜸을 들이더니 이어 다니엘의 소식을

전해 주었다.

"너를 찾기 위한 여행을 시작했어. 내게 어디로 가면 너를 찾을 수 있을지 물어왔지만 대답해 줄 수는 없었어. 단지 마음이 가는 곳으로 움직이라고 했을 뿐이야."

"그래? 그럼 내 말이 전해진 거구나?"

테리는 고개를 끄덕였다.

"아마 금방 너를 찾아올 거야."

테리가 위로의 말을 전했지만 쓸쓸한 마음이 드는 건 어쩔 수 없었다.

"아, 돌아왔구나!"

또 한 사람의 공주가 그녀를 찾아왔다. 바로 엘리자베스 공주였다.

"얘는 누구야?"

"그러는 넌 누구냐?"

서로를 탐색하는 테레지아와 엘리자베스 두 사람의 관계가 심상치 않았다. 전혀 다른 길을 걸어 왕위에 올랐기 때문인지 분위기가 사뭇 달랐다.

"인사해. 이쪽은 엘리자베스 1세, 영국 최초의 여왕이 되는 사람이야. 그리고 이쪽은 합스부르크와 오스트리아, 헝가리 제국 최초의 여왕이 되는 마리아 테레지아."

"누구야, 그게?"

베스가 눈살을 찌푸리며 말하자 자존심이 상한 테리가 비아냥거리며 반박했다.

"아아, 엘리자베스 1세. 시골 같은 영국의 여왕이란 말이지? 네 후손들의 도움은 많이 받았어."

"뭐야?"

"그만해!"

"넌 가만히 있어!"

아인이 말리고 나서자 두 황녀가 동시에 외쳤다. 두 사람의 신경전 때문에 오늘도 아인의 방이 시끄러웠다.

3권에서 계속됩니다!

오스트리아의 여제 마리아 테레지아 이야기

자유영세 중립국 오스트리아
신성 로마제국과 합스부르크 왕가
여왕의 라이벌, 프리드리히 2세
마리아 테레지아의 업적
열정을 부르는 사랑의 리더십

합스부르크 왕가의 마지막 계승자
마리아 테레지아

앞서 살펴본 마리아 테레지아(1717~1780)는 살아생전 수많은 작위를 가졌습니다. 오스트리아의 여제(女帝-여자황제)로, 헝가리와 크로아티아·보헤미아의 여왕으로, 또한 신성 로마제국 황제 프란츠 1세의 황후로 활동했습니다. 이렇듯 마리아 테레지아는 여러 곳에 이름을 올리면서 수많은 전쟁과 국사로 바쁜 삶을 살다갔습니다.

세계의 여왕들이 그렇듯 마리아 테레지아 역시 여왕의 자리에 앉기까지 매우 힘든 일을 겪었습니다. 남자가 아니라는 이유만으로, 그녀를 둘러싼 왕위계승 전쟁(1740~1748)이 일어난 것입니다. 그러나 그런 큰 불행도 그녀의 열정을 꺾지는 못했습니다. 그녀 스스로 힘든 일을 모두 지혜롭게 헤쳐 나가 결국에는 '여제'라는 칭호를 얻었기 때문이죠.

1편에서 살펴본 엘리자베스 여왕과 비교하면 재미있는 사실을 찾을 수 있습니다. 엘리자베스 1세가 유년기와 청소년기를 힘들게 보내고 보상받듯이 극적으로 왕위를 물려받는 반면, 마리아 테레지아는 유복한 왕가의 외동딸로 관심과 사랑을 한 몸에 받고 자라다 왕위를 물려받으려는 순간 어려움과 고통에 직면하게 된다는 점이죠. 이처럼 두 여왕은 공통점도 많지만 다른 점도 많습니다.

그럼 이제부터는 마리아 테레지아에 관해 좀 더 자세하게 알아보도록 하겠습니다. 그 전에 그녀의 나라인 오스트리아에 대해 간략히 소개해 보겠습니다.

 **자유영세 중립국 오스트리아**

오스트리아의 정식 명칭은 오스트리아 공화국(The Republic of Austria)으로 8만 3,855km² 면적을 지닌 중부 유럽에 속합니다. 수도는 건축과 음악으로 유명한 빈이며 국민 대부분은 게르만계열입니다. 또한 헌법에 영속적 중립성을 명시하고 있으며 독일어를 공용어로 사용합니다.

1914년까지 오스트리아-헝가리 제국을 유지하다 제1차 세계대전을 치르면서 해체되어 오스트리아와 헝가리는 각각의 국가를 설립하게 됩니다.

그 후 1938년 독일에 병합되어 나치의 지배와 제2차 세계대전을 겪으

유럽 속의 오스트리아

면서 공산주의 국가가 될 뻔한 위기를 겪기도 했습니다. 그러나 1955년 주권을 되찾고 자유영세 중립국, 즉 전쟁 시나 평화 시에도 중립적인 태도를 취하는 국가임을 선언하며 오늘날에 이릅니다. 참고로 자유영세 중립국임을 주장하는 나라는 오스트리아 외에 스위스가 대표적입니다.

마리아 테레지아가 지배하던 18세기에는 현재의 오스트리아보다 더 많은 지역이 합스부르크 왕가에 속해 있었지만 혁명과 독립운동 등으로 영토가 많이 줄어들었습니다.

여기서 또 한 가지 영국 여왕 엘리자베스 1세와 비교되는 점을 발견할 수 있습니다. 영국은 흩어졌던 국가가 엘리자베스 재위 이후 통합되는 반면 오스트리아는 마리아 테레지아 이후 여러 나라로 해체된다는 점입니다.

여성이 국가의 수장으로 나라를 지배하기 힘든 때 출현해 스스로의 이름을 널리 알린 두 여왕이었지만 그 뒤의 상황은 너무나도 반대되는 이력을 가지게 된 셈이죠. 이런 두 여왕의 자료를 찾고 이야기를 꾸미면서 참 신기하고 흥미로웠답니다.

오스트리아와 우리나라의 교류 역사는 약 100년이 되었습니다. 1892년 대한제국 당시 오스트리아와 접촉을 했다는 기록이 나오는데 그 후 우리나라가 일제강점기를 겪는 동안 교류가 중단되었습니다. 그러다 1962년에 정식으로 국교를 수립하고 문화와 물품을 교류하게 되었습니다.

현재 오스트리아 수도 빈에만 약 2천 명이 넘는 한국인이 거주하고 있으며, 한국은 오스트리아의 무역 대상국 5위 안에 들 정도로 큰 영향력을 지니게 되었습니다. 또한 음악가들을 많이 배출하기로 유명한 오스트리아에서 한국 음악가들의 약진도 점점 두드러지고 있습니다.

 **신성 로마제국과 합스부르크 왕가**

마리아 테레지아가 살던 시대를 이해하기 위해서는 신성 로마제국과 합스부르크 왕가를 꼭 기억해야 합니다. 유럽에서 가장 큰 영향력을 행사했던 집단이기 때문이죠.
우선 신성 로마제국부터 알아보도록 할까요?

① 신성 로마제국

신성 로마제국은 중세시대부터 근대 초까지 이어진 중앙유럽 나라들의 정치 연방체를 의미합니다. 이 커다란 연방체는 역사상 가장 오래된 제국으로, 각 국가에 영향력을 행사할 수 있어 모두들 황제자리를 탐냈다고 합니다. 유럽에서 신성 로마제국의 영향력이 크게 미치지 않은 곳은 러시아와 영국, 프랑스뿐이라고 하니 그 막강한 권력이 어땠을지 상상이 가시죠.

신성 로마제국의 시작은 962년 동 프랑크왕 오토 1세가 교황 요한 12세로부터 대관을 받은 후부터입니다. 이 제국은 고대 로마제국의 계승자라 자청하여 로마제국이라 불렸으며 후에 로마의 전통 보존자인 그리스도 교회와 하나라는 뜻에서 '신성(神聖)'이라는 말을 붙였습니다. 그러나 신성 로마제국이라는 용어는 1254년부터 정식으로 쓰이기 시작했습니다.

또한 로마 교황에 의해 추대(윗사람으로 떠받듦)되지 않는 한은 황제가 될 수 없었습니다. 이 사실을 통해 그리스도교의 힘이 막강했음을 알 수 있답니다.

이처럼 유럽의 큰 역사적 줄기를 이루던 신성 로마제국은 1806년, 프란츠 2세가 나폴레옹에게 패하면서 역사의 뒤안길로 사라지게 됩니다.

② 합스부르크 왕가

초기 합스부르크 가문은 스위스와 알자스에 기반을 둔 백작 집안이었습니다. 당시 백작이었던 루돌프 합스부르크는 연방 로마제국의 제후들에 의해 황제로 선출되었습니다. 그 후 황제의 칭호를 받은 루돌프 1세는 오스트리아를 점령해 합스부르크의 영지로 확보합니다. 그리자 합스부르크의 세력이 강해지는 것을 막으려는 다른 제후들이 합스부르크 왕가의 사람에게 황제자리를 내주지 않게 되었습니다.

합스부르크 왕가는 아들들에게 영토를 분할해 주고 주변 국가의 딸들과 정략결혼을 시키면서 영토를 확장해 나갔습니다. 하지만 이런 정책 때문에 영토분할과 계승권 분쟁을 불러와 통일국가로 나아가는 데 걸림돌이 되기도 했죠.

그러나 합스부르크 왕가는 결혼 정책으로 스페인 왕실과 헝가리 왕실의 손을 잡아 유럽 최대의 왕실 가문을 이루었고 나중에는 신성 로마제국의 황제에까지 오르게 됩니다. 황제자리는 마리아 테레지아 대에 이르기까지 모두 합스부르크 왕가 자손에게 상속되었습니다.

이렇듯 당시 유럽의 왕실이나 귀족 가문들은 정략결혼을 통해 세력을 키우고 평화 서약을 맺기 위해 자유연애를 크게 허락하지 않았습니다. 그러나 마리아 테레지아와 남편인 스테판은 오랜 연애 기간을 가진 뒤 결혼했기 때문에 큰 화제를 낳기도 했습니다. 게다가 유럽에서 이름난 미남미녀라 더욱 관심이 컸다고 합니다.

한 때 왕위계승 전쟁으로 합스부르크 왕가는 큰 위기를 겪기도 했지만 마리아 테레지아는 훌륭하게 가문을 지켜 내고 잃어 버렸던 황제의 자리도 되찾아 남편인 스테판에게 넘겨줍니다. 그러면서 왕가는 스테판의 성을 이어 합스부르크-로트링겐 왕조로 바뀌게 되었죠.(로트링겐은 프랑스 어로 로렌이라 발음합니다. 때문에 본문에서는 스테판을 로렌 공으로도 불렀습니다. 이런 이유로 합스부르크-로렌 왕조라고도 합니다) 합스부르크-로트링겐 왕조는 쭉 이어져 내려오다가 제1차 세계대전 이후인 1918년 해체되었습니다.

 **여왕의 라이벌, 프리드리히 2세**

마리아 테레지아에게 큰 시련을 안겨준 프리드리히 2세(1712~1786)는 어떤 인물일까요? 그는 나폴레옹과 함께 유럽 역사상 가장 뛰어난 전략가로 손꼽힙니다. 그러나 본문에 나온 이야기처럼 프로이센의 왕이었던 그는 우울한 유년시절을 보낸 것으로도 유명합니다.

프리드리히 빌헬름 1세와 조피 도로테아 사이에서 태어난 그는 어렸을 때부터 스파르타식의 군사훈련을 받았으며 일체의 다른 학문이나 예술 활동은 금지당합니다. 불행히도 정신병증세를 보이던 국왕은 신하들이 있는 자리에서도 몽둥이로 자신의 아들을 때리기 시작했습니다. 국왕의 이런 이상행동이 계속되자 프리드리히 2세는 친구들과 함께 영국으로의 망명을 모의하기에 이릅니다. 그러나 중간에 계획이 누설되면서 절친한 친구이던 카테가 자신의 눈앞에서 참수 당했으며 그 자신은 감옥에 갇히게 됩니다.

힘든 청년기를 보내던 프리드리히는 1740년 빌헬름 1세가 죽자 프로이센의 새 왕으로 즉위합니다.

프리드리히가 왕위에 오르자마자 마리아 테레지아와의 악연이 시작되는데, 그는 즉위한 지 일 년도 안 돼 합스부르크 가의 영토이던 슐레지엔을 침공합니다. 이 전쟁에서 7주 만에 슐레지엔을 빼앗긴 오스트리아는 동맹 간의 유대관계도 끊기면서 왕위계승 전쟁이 터지고 극심한 혼란에 접어들게 됩니다. 그 후 프리드리히는 여러 차례의 전쟁을 일으켜 슐레지엔을 자기 영토 하에 두게 되며 '대왕'이라는 칭호까지 받게 됩니다.

이런 상황들을 종합해 보면 왜 마리아 테레지아가 프리드리히 2세에게 극심한 분노를 느꼈는지 이해할 수 있습니다. 더불어 마리아 테레지아의 뒤를 이어 오스트리아를 통치하던 요제프 2세가 프리드리히의 통치 스타일을 선망했던 것도 마리아 테레지아에게는 큰 고민거리였습니다.

이처럼 프리드리히 2세는 마리아 테레지아 평생의 라이벌인 셈이었습니다.

 ## 마리아 테레지아의 업적

마리아 테레지아는 1717년 5월 13일, 신성 로마제국 황제 카를 6세와 황후 엘리자베트 크리스티네 사이에서 장녀로 태어났습니다. 뛰어난 미모를 가지고 있던 테레지아는 사람들에게 사랑받으며 성장해 프란츠 스테판과 결혼하게 되었습니다.

그러나 황후의 자리에 안주하지 않고 직접 정사를 담당하며 모든 일에 관여했습니다. 특히 오스트리아의 발전을 위해 중앙집권제를 강화하고 여러 가지 내정 개혁을 단행해 큰 성과를 거둡니다.

첫째로, 유럽에서 가장 먼저 전국에 초등학교를 신설하고 의무교육 제도를 확립했습니다.

많은 어린이들이 국가에서 배포한 같은 내용의 교과서를 각자의 언어로 배우기 시작하자 국민들의 지적수준이 크게 향상되었습니다. 당시 어느 나라에서도 이 같은 교육 정책을 행한 적이 없었다고 하니 테레지아의 미래를 보는 안목이 탁월함을 알 수 있겠죠.

그 다음으로 그녀는 농노제를 폐지했습니다. 많은 귀족들의 반대에도 불구하고 농노를 해방시켰으며 그 덕분에 노동생산성이 향상되어 농업·상업·수공업이 골고루 발전하기 시작했습니다.

또한 재위 초기 많은 전쟁을 겪으면서 군사력의 중요성을 깨닫고 군사행정위원을 설치했습니다. 일반 징병제를 실시해 농민 출신의 군인이라도 국가로부터 급료를 받을 수 있게 제도를 개선했으며 병사들의 생활이 안정되도록 만들었습니다. 그 결과 오스트리아의 군사력은 증

대되었고 여러 전투에서 승전보를 울렸습니다.

마지막으로, 음악과 문학 같은 문화 정책도 크게 장려하기 시작했습니다. 특히 유명한 음악인들이 많이 배출되었습니다. 세계적으로 유명한 오페라〈피가로의 결혼〉,〈돈 조반니〉등을 작곡한 볼프강 아마데우스 모차르트를 포함해 요제프 하이든, 프란츠 슈베르트, 요한 슈트라우스 부자 등이 탄생하는 배경이 되었습니다.

모차르트는 마리아 테레지아가 통치하던 시절에 태어난 음악 신동으로, 11세에 왕실 음악회에 초대받아 테레지아의 11녀인 마리 앙투아네트에게 첫눈에 반해 그녀에게 청혼한 일화로도 유명합니다.

그 외에도 빈 국립음악단과 빈 소년합창단은 오스트리아의 음악적 명성을 현재도 이어가고 있습니다.

 **열정을 부르는 사랑의 리더십**

마리아 테레지아는 왕위에 오른 뒤 나라를 부강하게 만들기 위해 많은 시간과 노력을 투자했습니다. 또한 평화주의자로서 될 수 있으면 전쟁을 자제하려고 노력했으며 국민을 위할 줄 아는 군주로 성장했습니다.

그녀의 이런 열정 뒤에는 사랑이라는 비밀이 숨어있습니다. 사랑을 듬뿍 받고 자란 사람답게 그 사랑을 주변 사람들에게 나눠 주며 성장했던 것이죠. 자신을 위해 많은 것을 포기한 남편 스테판에게 특히 헌신적이었습니다. 황제의 자리를 기필코 되찾아 남편이 이을 수 있게 한 것도 그의 자존심을 살려 주기 위해서였습니다.

그녀는 스테판과의 결혼 생활 동안 총 16명(5남 11녀)의 자녀를 두었으며, 그가 세상을 떠난 후에는 죽을 때까지 쭉 상복을 입고 생활했다고 하니 얼마나 그를 사랑했는지 잘 알 수 있겠지요?

어쩌면 그 사랑을 지키기 위해 마리아 테레지아는 혼신의 힘을 다했던 것일지도 모릅니다. 또한 그 사랑을 버팀목으로 더 큰 열정을 키워 오스트리아를 튼튼하게 지킬 수 있었던 힘이 되었습니다.

마리아 테레지아와 프란츠 스테판의 자녀들

이 름	출생~사망	특이사항
① 마리아 엘리자베트	1737~1740	
② 마리아 안나	1738~1789	
③ 마리아 카롤리나	1740~1740	
④ 요제프 2세	1741~1790	마리아 테레지아의 뒤를 이어 통치
⑤ 마리아 크리스티나	1742~1798	테레지아가 가장 사랑한 자녀로 유일하게 연애결혼을 허락받음
⑥ 마리아 엘리자베트	1743~1808	천연두를 앓은 후 수녀원에서 생활함
⑦ 카를 요제프	1745~1761	
⑧ 마리아 아말리아	1746~1804	
⑨ 레오폴트 2세	1747~1792	
⑩ 마리아 카롤리나	1748~1748	
⑪ 마리아 요한나	1750~1762	
⑫ 마리아 요제파	1751~1767	
⑬ 마리아 카롤리나	1752~1815	
⑭ 페르디난트 카를 안톤	1754~1806	
⑮ 마리 앙투아네트	1755~1793	프랑스 루이 16세의 왕비로 프랑스 혁명 때 단두대에서 처형
⑯ 막시밀리안 프란츠	1756~1801	

세상에서 가장 위대한 것은 사랑이라는 말이 있습니다. 부모님의 사랑, 친구와의 우정, 동식물을 아끼고 보살필 줄 아는 마음, 이 모든 것들이 여러분의 가슴에 크게 자리 잡아 모두들 사랑이 무엇인지 아는 훌륭한 어른이 되길 바랍니다. 마리아 테레지아처럼 사랑으로 모든 걸 감싸 안을 때 멋진 리더십이 발휘될 수 있을 테니까요!

역사 속 세기의 로맨스

① 헨리 8세와 앤 블린
② 타지마할, 영원한 사랑의 완성
③ 나폴레옹과 조세핀
④ 세종대왕과 소헌왕후
⑤ 조지 워싱턴과 마사 커티스
⑥ 아우구스투스와 리비아
⑦ 이반 4세와 아나스타샤
⑧ 살라딘과 시벨라
⑨ 공민왕과 노국공주
⑩ 그레이스 켈리와 레니에 3세
⑪ 모차르트와 콘스탄체
⑫ 존 F. 케네디와 재클린
⑬ 서동과 선화공주
⑭ 처칠과 클레멘타인
⑮ 간디와 카스투르바
⑯ 호동왕자와 낙랑공주
⑰ 스티븐슨과 핸더슨
⑱ 윈저공과 심프슨 부인
⑲ 슈베르트와 테레즈
⑳ 덕혜옹주와 소 다케유키

역사를 바꿀 수도 있었던 세기의 연인들! 그들은 과연 어떤 이야기를 가지고 있을까요? 그리고 역사는 그들을 어떻게 기억하고 있을까요?

세상을 이끈 여성 파워

① 디자이너 코코샤넬
② 무용가 이사도라 덩컨
③ 음악가 클라라 슈만
④ 작가 펄벅
⑤ 교육가 마리아 몬테소리
⑥ 정치가 마거릿 대처
⑦ 화가 프리다 칼로
⑧ 비행사 아멜리아 에어하트
⑨ 배우 오드리 헵번
⑩ 과학자 마리 퀴리
⑪ 외교관 알렉산드라 콜론타이
⑫ 사회사업가 헬렌 켈러
⑬ 정치가 힐러리 클린턴

세상을 이끈 여성 파워는 어린이들에게 적성에 맞는 진로를 찾게 해주고 스스로의 인생을 개척할 수 있도록 꿈을 심어줍니다.

우리말의 달인

속담 편

사자성어 편

맞춤법 편

아름다운 우리말, 북한말 알기 편

어린이들의 꿈을 이룰 수 있게 해주는 '마법의 구슬' 구슬을 얻으려면 '우등생' 열쇠를 찾아야만 가능해요. 우등생 열쇠를 얻기 위해 신나는 모험을 시작하는 우리말 탐험대와 함께 속담마을로 출발해 보세요.
어느 순간 우리말 실력이 쑥쑥 자라납니다.

글 김현수 · 강영철 / 그림 진승남 · 투리아트
각권 값 11,000원

세 개의 이름을 가진 고양이

겨울비가 내리는 밤, 고양이는 자신이 누구인지 어디에서 왔는지 아무것도 모른 채 홀로 앉아 있습니다. 기억을 잃은 고양이는 친구들을 차례로 만나며 새로운 이름을 얻게 됩니다. 세 개의 이름을 거치며 자신을 찾아가는 고양이의 이야기가 지금 시작됩니다.
아픔을 가진 고양이들이 전하는 희망의 메시지를 들어주세요!

글 꼬나 / 그림 루루지 / 값 9,000원

야구왕과 이순신 장군

폐부 위기에 처한 야구부의 주장을 맡게 된 수빈이!
야구부를 살리려면 전국대회 4강에 진출해야 하지만 연습도 제대로 안 한 오합지졸 야구부의 갈 길은 멀기만 합니다.
어느 날, 아빠의 일터에서 우연히 손에 넣은 갑옷 비늘을 통해 수빈이는 꿈 속에서 이순신 장군을 만나게 됩니다.
과연 수빈이는 이순신 장군에게서 무엇을 배우고 느끼게 될까요?

글 꼬나 / 그림 투리아트 / 값 9,800원